Pensamientos de una madre de familia numerosa

Pensamientos de una madre de familia numerosa
Pilar Remartínez Cereceda

Copyright © Pilar Remartínez Cereceda, 2009

Este libro no podrá ser reproducido ni total ni parcialmente sin el previo permiso escrito del editor.

Diseño portada Pilar Remartínez Cereceda

L&R Editores LLC
8345 NW 66TH ST SUITE 8770
MIAMI FL 33166 USA
www.landreditores.com

ISBN 978-0-9825572-0-4
Library of Congress Control Number: 2009937201

A mi familia en especial a mi marido, con quien comparto maravillosos momentos.

Aprender a ser madre

Yo no soy de las que piensan que ser madre y trabajar está reñido, gracias a Dios, hay muchísimas mujeres que son mamás excelentes a la vez que profesionales de gran calidad, pero qué duda cabe que dedicarse cien por cien al hogar es una tarea muy dura y que también merece su reconocimiento. No es nada fácil, requiere muchos compromisos y sacrificios, pero son muchos los frutos.

Disfrutas de tus hijos y su crianza es lo más importante, es el trabajo más antiguo.

Aprender a ser madre a tiempo completo, es lo más difícil, tu hijo cuando nace, no viene con un libro de instrucciones debajo del brazo para saber bien el manejo.

Criar un hijo es bastante complicado, ya que has de aprender y poner tus conocimientos al mismo tiempo.

Que importante son los hijos, están bajo nuestra responsabilidad, son un libro en blanco y en nosotros esta que comencemos con buena letra.

Nuestra vida se divide en un antes y un después, el amor por ellos es verdadero e incondicional.

Simplemente mujer

Nacidas de mujer, proporcionamos la vida, simiente, sembramos amor, cultivo y fruto divino.

Árbol, de fresca sombra, cobijo entrelazado lleno de sol, abres tus ramas, acogiendo con mucho amor, el fruto de tu vientre.

Frutales dulces, aguas claras y serenas, manos llenas de amor, caricias tiernas.

Lucha sin tregua, pasión desbordada, amor verdadero sacrificio inagotable, Mujer, fuente de vida, seno que acuna, regazo que apacigua el alma triste.

Madre, mujer, novia, esposa, amiga, hermana, hija, orgullo, armonía, bendición divina.

Doctor Yeki y míster Hyde

Todos tenemos el lado oscuro y profundo, ese lado que no queremos sacar a nuestro exterior, pero existe. Se convierte en una especie de Doctor Yeki y míster Hyde
Es vivir y ser el protagonista de una película de miedo en la cual los protagonistas son mis suegros.
— ¡¡¡¡Qué maléfica criatura nos amenaza!!!!!
Estos individuos demoniacos, tienen tanta maldad en el cuerpo que todo lo que tocan lo convierte en repugnancia.
Por eso he decidido dejarlos a un ladito que están mejor.
—¿¿¿¿Qué estarán planeando????
Nada bueno, su silencio me resulta extraño, aunque lo prefiero.
Prefiero ver a mi enemigo venir de frente, pues de lo contrario, te pueden clavar la puñalada por la espalda y eso ha sido lo que me hicieron este mes pasado de octubre.
Todo comienza cuando la niña mimada de mi cuñada quiere hacerse la dueña de mi casa, con cara Angelical consigue meterse a vivir en mi casa y de su hermano, poco a poco va tejiendo magistralmente su red y cuando nos quisimos dar cuenta había hecho de mi casa la suya, tirando las cosas que no quería, evidentemente, sin pedir permiso a nadie. El cuarto que tenia para mi hijo pequeño, se lo apropio por completo y las cosas que tenía yo en el mismo las traslado al cuarto de sus dos hermanos.
Su plan estaba funcionando de las mil maravillas.
 Pero la paciencia tiene su límite y cuando te das cuenta, que la propia cuñada se está cachondeando y la pobrecita se está quedando con todo el sueldo que gana, aproximadamente 1200 Euros, y cuando su propia familia que la tiene acogida está pasando dificultades, ¿En qué hora se me ocurrió decirle que tenía que aportar a la economía de la casa un poco de su sueldo? ya llevaba un año viviendo y le quedaban 1200 euros limpios, pues las compras de ropa y cosas de aseo personal ya tenía ella la tarjeta del corte Inglés y se lo pagaba papa y mama.
La comida y demás cosas nosotros, más luego el gasto de agua, teléfono, luz.

Se ha llevado mi confianza, era mi niña mimada, esa mi hermana pequeña que no he tenido nunca.

Una barbie, rubia con los ojos verdes, cariñosa, mimosa. ¡¡¡¡Una mierda!!!!

No había visto cambiar tanto a una persona, convirtiéndose en todo lo contrario.

¡¡¡Ay!!! Si yo la hubiera conocido así de esa forma Rita se hubiera venido en su lugar.

Doctor Yeki y míster Hyde se quedan pequeños.

Pero por lo que veo es una plaga y como todas las plagas hay que exterminar.

La clave de la felicidad

Si no deseas mucho, hasta las cosas más pequeñas te parecerán grandes.

La felicidad plena no existe como forma de vida plena y perfecta, la felicidad es una utopía.

Nacemos para ser felices, sin embargo, lo que más nos importa en esta vida es ser felices nos pasamos toda nuestra vida buscando "La felicidad"

Nuestra vida encuentra sentido en la persecución de un determinado ideal de felicidad.

Ya lo subrayan los clásicos:

La felicidad –dicen– es el fin último del hombre, al que han de orientarse todas sus actividades

(Aristóteles.), o bien dicen que es un objetivo que acompaña a toda vida regida por principios morales (Kant, Axiólogos, etc.). La felicidad es una realidad

Este nuevo y moderno criterio ético se lo debemos a los axiólogos. Apoyados en esta base los axiólogos proponen para la actual moral:

El hombre es un ser moral por naturaleza, y esto es algo que lo diferencia del resto de los animales.

La felicidad, tan seria y tan importante en nuestra vida que ésta no se concebiría sin ella.

Una vida humana en la que no tuviera sentido la felicidad no sería una vida.

Para Platón el pensamiento ético se complementa con su pensamiento político. Bondad o maldad, de acciones individuales o políticas.

La felicidad es la armonía entre el individuo y la sociedad.

La felicidad es sinónimo de buen vivir, del desarrollo pleno de la personalidad del hombre como ser racional y moral, de relación armónica de las partes del alma.

Para Platón siempre habrá hombres que crean en la supremacía de la razón y que con una buena educación podrán conducir a la comunidad hacia la búsqueda del orden justo y por tanto a la felicidad.

La filosofía aparece como pedagogía, y la preocupación del filósofo se centra en los que viven en su sociedad, la pedagogía es en definitiva política, sede de la razón.

Parece, pues, que la felicidad, objetivo humano tan olvidado en la actual cultura pública, es un componente esencial de la plenitud humana y conviene, por tanto, que le concedamos, en el ámbito teórico y en el práctico, la importancia que le corresponde.

Canción de mi niñez

Tengo muy buenos recuerdos de mi colegio ¿Qué será de mis antiguas compañeras?

Yo sólo sé de una, de mi amiga Beatriz, que sigo teniendo algún contacto.

Cuando llegaba el verano, teníamos el privilegio de irnos de colonias quince días todos los años gratis, nos llevaban a Palmones o a Cangas del Morrazo, era una experiencia muy buena, pues teníamos que realizar tareas que con los padres no realizábamos, sobre todo yo,

Hacer las camas, recoger el cuarto, todo esto era un juego.

Ahora me quejo yo de la poca colaboración que tengo por parte de los míos, en fin.

Esta canción me trae muchos recuerdos, la cantábamos en el colegio cuando era niña y salíamos los veranos de colonias, ahora se le dice campamentos.

—Sera que me estoy haciendo mayor.

La tengo en mi cabeza y muchas más, cuando cantábamos en el autocar al salir de excursión.

¡¡¡¡QUÉ TIEMPOS AQUELLOS!!!!

La playa se ha dormido sin tu presencia,
las olas ya no vienen a suspirar,
triste se queda el pueblo sin tu presente,
tristes suenan las notas de mi canción.
Clavadas se quedaron sobre la arena
todas las ilusiones que yo te escribí,
pero el viento y el agua borró sus huellas,
nadie sabrá en la vida lo que escribí.
Donde voy a encontrar
un amor como tú
que nació al escuchar
el ruido del mar
bajo el cielo azul.
Nunca más hallaré
quien comprenda mi amor
pues no habrá otro querer
que sepa escuchar mi triste canción.
Las velas de los barcos
lloran tu ausencia,
las rocas que recogen tu dulce voz

triste se queda el pueblo sin tu presencia,
tristes suenan las notas de mi canción.
Puede que otro verano no vuelva a verte,
puede que incluso pienses que te olvide,
pero aunque ahora finjas no conocerme,
siempre con toda el alma yo te querré.
Donde voy a encontrar
un amor como tú
que nació al escuchar
el ruido del mar
bajo el cielo azul.
Nunca más hallaré
quien comprenda mi amor
pues no habrá otro querer
que sepa escuchar mi triste canción.
 COLEGIO CASA DE LA VIRGEN

Paciencia divino tesoro

¿Qué es lo que se necesita para ser unos buenos padres? Muchos padres nos hacemos esta pregunta, os puedo asegurar que no es sencilla y como todo el mundo sabe, hay que improvisar mucho, tener grandes dosis de paciencia, mucha serenidad y sobre todo, poner nuestras prioridades en orden.

Teóricamente parece fácil, pero cuando esto lo intentas llevar a la práctica ves que es todo lo contrario, no te sale nada a derechas y donde intentas meter disciplina, ellos lo toman a cachondeo, intento inculcarles unos valores que echan por los suelos y pretendo ponerles limites, no muchos, para que no se hagan un jaleo y no cumplan ninguno, empecemos por pocos, Nuestros hijos necesitan que les dediquemos una gran parte de nuestro tiempo.

Esto es muy difícil, sobre todo la paciencia, rodeada de un montón de churumbeles que no paran de dar gritos, ¡Cómo para tener tiempo de pensar en lo que me gustaría! Además, organizar mi trabajo con serenidad y mantener la cabeza fría y con calma para poder llevar con orden y serenidad.

Hay que mantener la calma, para que tus hijos se den cuenta quien el que lleva la voz cántate en casa, quien es el capitán, pero me siento frustrada cuando pongo todo mi empeño y observo que mis acciones no sirven para nada no paro, entre gritos y castigos ¿dónde está esa paciencia y serenidad? Desde luego, para mí no hay duda, se habrá que dado entre las buenas intenciones mías.

Me resulta muy difícil implantar unas normas, más si la primera que no creo en ellas soy yo.

Ahora mismo mi autoestima como madre está por los suelos.

Ya vendrán tiempos mejores.

La vida es sueño

Cuando era niña pensaba que dormir era perder el tiempo. La vida me parecía demasiado corta para andar desperdiciando tan preciadas horas roncando sobre la almohada.

Entonces me levantaba de puntillas para no despertar al resto de la familia y enfilaba hacia el patio, saltando por la ventana Claro, vivíamos en la planta baja

Que castigo era para mí la tan odiada siesta, todos los días a la misma hora en el colegio, nos hacían tener esa hora de siesta, ¡¡¡¡que me la den ahora!!!! Estoy deseando, aunque no fuera más que un día, dormir un ratito la siesta.

Ya no me acuerdo el día que me he echado una siesta en condiciones.

Hace años

Ahora mirando hacia atrás me doy cabezazos con la pared, exclamo al cielo y digo

¿Por qué? Nadie me da la respuesta.

¡¡¡¡¡¡Con lo bien que se está durmiendo a pierna suelta!!!!!! Cuando he tenido oportunidad no lo aproveche y ahora que tengo ganas de levantarme a la hora que me plazca, hay unos malvados que me lo impiden

Según Platón el hombre vive en un mundo de sueños, dentro de una cueva, de la que sólo podrá liberarse haciendo el bien. Lo descubrió el príncipe Segismundo en la pluma de Calderón de la Barca hace más de tres siglos.

Y me veo leyendo una obra de teatro de Calderón, que me animó a leer otras muchas suyas, todas llenas de sabiduría y sentido común. "La Vida es Sueño". Y es que toda la vida es sueño, y los sueños, sueños son.

Tengo la certeza de que el futuro depende sólo de mí y de mis propios actos, Me veo también como una niña solitaria que leía libros y jugaba a crear planetas con países imaginarios.

Hoy miro el futuro y me doy cuenta de que la vida es sueño (una vez más) Recuerdo como si fuera ayer cuando quería ir enlazando las noches, para crear una vida paralela en la que cada sueño arrancase donde acabase el anterior, y todo, todo, todo fuera posible

Nuestra Vida es como un vaso

Nuestra Vida es como un vaso, el que constantemente vaciamos o llenamos, es un proceso continuo, pero no nos percatamos de ello, se llena de sueños, ilusiones, metas, proyectos, afectos, sentimientos, emociones, etc. Es un vaso al que hay que cuidar, porque tiene mucho valor ¡Es nuestra propia Vida! pero no siempre lo hacemos, vivimos tan acelerados, queremos todo tan deprisa que hay veces que ese vaso en que sembraste todas tus ilusiones ¡Se quiebra!

Yo tengo varios vasos cada uno recibirá aquellos "licores" que son mis preferidos, debo reconocer que en más de alguna oportunidad, confié mi vaso a otra persona y no lo cuidó como hubiese querido ¡Cayó al suelo! Traté de volver a unir sus partes, pero no quedó bien, siempre notaba el resquebrajo Recordaba el descuido y mi excesiva confianza, por no haberlo protegido como tenía que ser ¡Por qué era mío!

¿Cuándo será que entienda que debo controlar mi excesiva generosidad? ¿Por qué confiar tan deprisa?, somos nosotros mismos que no podemos ver nuestros "vasos vacíos" y los llenamos con lo primero que se nos presente.

¿Dónde quedaron mis preciados licores?

Mis vasos son de cristal, de bellas formas, de un modelo poco común, los he coleccionado en mis largos viajes por este Universo, esos viajes sin límites, que solo te los dan tus pensamientos, sus colores son diversos, muy suaves. Existe uno que debo cambiar con más frecuencia ¡El vaso rojo! Tiene unas bellas incrustaciones en forma de corazón, su licor es exquisito, de un aroma único, pensé que con uno bastaría, pero una vocecita me dijo, No, debes llevar más de uno, la vida puede darte unos traspiés y acepté su consejo, me gustan esos vasos ¡Son únicos!, mis vasos para el amor.

Hoy he sacado un nuevo vaso, debo buscar ese licor que tanto me agrada, el último al romperse roció toda esa maravilla ¡No pude recogerlo! dolió verlo tirado en el piso, antes trataba de unir sus partes, para "rescatar" algo siquiera, pero se veía mal. Había perdido su belleza original, así es que ahora debo aprender a deshacerme de ellos en el mismo momento que se produce la caída, Porque nada volverá a restaurar su estado original.

Palabras

En este mundo nada es fácil intentamos ser lo más correctos posible pero es difícil, porque uno se cuestiona y se pregunta ¿qué es lo correcto?, cada uno seguirá sus propias leyes, según el camino que quiera seguir. El Mundo quiere ver lo que cada uno tiene para ofrecer. Yo me pregunto ¿Qué es lo que te puedo ofrecer? solo Palabras, que me nacen del Alma, ¡escúchame Mundo y sabrás quién soy!

Observo a personas que constantemente asean sus cuerpos y yo me pregunto ¿Se preocuparán de la limpieza de sus almas? De sus sentimientos, de sus miedos yo lo he intentado, no es fácil, incluso diré que hasta doloroso, es un tremendo esfuerzo por erradicar sentimientos negativos hacia los demás, en especial, si te han provocado algún daño. Intentar cambiar transmutar ese pensamiento a positivo es la dura prueba que nos pide la vida, porque nuestras reacciones son muy ligeras, casi automáticas y luego que pasa el momento más denso, uno reflexiona y es ahí en dónde debes decidir si sigues con la misma actitud, o la erradicas de tu Mente. Es fácil seguir por la misma línea, lo difícil es el cambio radical que le quieres dar a la situación. Pero es una opción, y somos libres para elegir. El perdonar, es entender que el que te provocó algún daño, también sufre, y sus acciones son el reflejo de lo dañada que tiene su alma, si todos mirásemos a nuestros agresores de esta manera perdonaríamos con mayor facilidad y con el tiempo, este rencor se transformaría en puro Amo, que es el camino al que Todos debemos llegar.

Nuestra Vida es como un vaso, que constantemente vaciamos o llenamos, es un proceso continuo, pero no nos percatamos de ello, se llena de sueños, ilusiones, metas, proyectos, de generosidad, de entrega, de bondad, de verdad.

Viento

Siento el viento en mi piel tersa, por esta vez siento que acaricia, quiere llevarme contigo y me opongo, ya no quiero, me canse de recordarte, ya te dije adiós, me despido amor, te diría que no cometas más errores.

Pero para que, si ya nunca más lo veré, si jamás fuiste mío, ni fue, ni lo serás, no se quita lo que es tuyo, se roba.

Se convierte en perdido si fue querido, se convierte en basura si te engaño, hay veces el viento se lleva la basura.

El viento silbará y acariciara mi piel, tratara de llevarme nuevamente a ti como una quimera pasada, que regresa, el viento susurrara mis desprecios hacia ti. Nada tuve a mi favor, mas solo este dolor, me arrodille en mi lamento de amor fallido.

El viento seco mis lágrimas con mi alma, como se puede perder algo que nunca se tuvo, como se puede amar algo que vive para morir.

Mis lagrimas se las llevo el viento a tu favor, en este día me inspira regalarte un poema, pero resulta que se lo dedico al viento.

 Hay que aprender a escuchar

Vivimos a tal velocidad que no vemos las cosas que tenemos a nuestro alrededor, no somos conscientes y somos tan egoístas que nos compadecemos continuamente de nosotros mismos, son los otros los que siempre tienen la culpa, que triste, nos ponemos una venda en los ojos para no ver lo que pasa en nuestro entorno y en nuestro camino con esta venda puesta, nos perdemos muchas cosas hermosas, las cuales no somos consientes sé que a veces es más fácil hablar y abrirte con quien no conoces, terminas confiando en extraños y te llevas sorpresas muy gratas encuentras gente con una vida tan paralela a la tuya, con los mismos sentimientos, los mismos miedos y temores alguien tan parecido a ti que parece increíble que sea posible y descubres que nada es único y que si pusiéramos todo un granito, el paso sería más cercano.

La mayoría nos quejamos sin saber en realidad el motivo, pero ocurre que cuando realmente, necesitamos ayuda, nadie viene a ayudarte, hay tanta gente sola de verdad, me viene a la memoria una persona en el autobús, no recuerdo como empezó pero sin darme cuenta me estaba contando la historia de su vida, desahogarse es muy bueno es una manera de sacar todo lo que te oprime y quiere salir, porque te abrasa, escuchas historias verdaderamente tristes, gente abandonada, maltratada, mal de amores son las más comunes, sobre todo hombres, pues este día en el autobús, este hombre me toco la fibra más sensible de mi corazón, que desconsuelo habitaba en todo su ser, yo solo pude escucharle con mucha paciencia, me daban ganas de decirle, que todo tiene arreglo, que solo hay que sacar el coraje para salir, pero no fui capaz, cuando llego el final de la línea, solo pude desearle buena suerte, cuando me disponía a salir, este hombre con lagrimas en los ojos me dijo gracias, me has devuelto la vida solo por escucharme, me has devuelto la confianza en las personas. Me hizo sonreír, me hizo sentir bien me lo tomé como un reto personal y él sabe que lo sigue siendo, que sigo pendiente de él, aunque ya no quiera morirse.

A las mujeres nos es mucho más fácil llorar en el hombro de una amiga o un amigo una pena, pero los hombres, les resulta más difícil sacar ese lado, hay ese miedo en su interior, la educación recibida desde muy niños, les enseñan que los hombres no lloran, ¡¡¡Sí!!! Eso se decía antes, gracias a Dios que esto está cambiando, habrá alguno que no, pero sí lo hacen, los hombres si lloran y sienten, aman y padecen. No por eso son menos hombres.

Una historia de amor

Un día de julio del año 2000 conocí a un chico cordobés, fue muy bonito y si esta historia me la cuentan a mí, hubiera pensado que de una película se trataba. Yo conocí a mi cordobés cuando iba a comprar a unos grandes almacenes, se bajó del metro.

Era alto moreno y bien parecido, se acercó muy educado y me pregunto, disculpe señorita sabría usted donde hay un centro comercial, yo le mire con cara de incrédula y pensé este chico se quiere quedar conmigo, pues justamente detrás de mí había un cartel con una flecha que ponía "Centro Comercial" nos reímos conjuntamente y muy educada me ofrecí a acompañarle, ya me había explicado que llevaba poco en Madrid y que no conocía a nadie y que tenía la intención de quedarse en Madrid pues le gustaba mucho, me acompaño a comprar dejamos las compras en mi casa y él en la suya.

Por esas fechas yo ya tenía planes de irme de vacaciones a Murcia y fuimos a por mi billete que salía tres días después, sacamos mi billete y seguimos pasando el día juntos, estábamos tan bien que lo contrario parecía una tontería.

Estuvimos en su casa dejando las cosas y como vivía en el centro, salimos por la Gran Vía y que sorpresa cuando paseábamos estaba en cartelera la Bella y la Bestia.

¡¡¡¡¡¡Hacía tiempo que quería ir!!!!!! Qué casualidad lo mismo le pasaba a él pero por falta de tiempo no podía ir, sacamos los billetes de la última sesión pues era los que quedaba y fuimos a cenar y a ver la función, salimos muy tarde y muy cortés se ofreció a llevarme a casa cosa que yo acepte.

Cuando llegamos a casa era muy tarde y era evidente que no le iba a dejar marchar, con educación le dije que si quería quedarse en casa a dormir, y él ¡¡¡¡cómo no!!!! Lo acepto. Tuvimos una noche de ensueño

" Fue mágica preciosa" un sentimiento tan bonito, que hoy que lo estoy contando es más grande.

Pasamos tres días juntos ya que yo me tenía que ir de vacaciones con mis padres a Murcia y él tenía que volverse a Córdoba para pasar quince días con sus padres. No pudimos estar ni tres días separados al tercer día ya estábamos sacando los billetes de vuelta, pues era tanto lo que nos echábamos de menos, que no podíamos estar el uno si el otro.

Por eso a quien le digo que a mi marido el primer día que le conocí, se vino a vivir conmigo de eso va hacer ocho años y tres hijos preciosos.

Podía haber salido mal pero nos salió bien, hoy somos muy felices. Con los problemas que puede tener cualquier familia, pero juntos. Y esta es mi historia de un mes de julio, cuando mi vida cambió por completo.

Nacho es un niño especial

Quiero hacerle un homenaje a mi hijo Nacho el niño más cariñoso, mimoso que te puedes encontrar, todos lo adoran, se mete en tu vida y sin llamar allí donde va, le aceptan.

"Soy madre de un niño discapacitado de 6 años de edad esto me lo tengo que repetir mucha veces, pues mi cerebro, no lo asimila. No sé si me explico hay una parte de mí que no quiere aceptarlo, mi hijo cuando crezca no va a ser normal, va a depender de papa y mama, hasta que nosotros faltemos.

Son unas personas que tienen sentimientos y la mayoría de ellos son muy cariñosos, yo me siento muy afectada, ya que cuando se saca este tema, te suelen cerrar muchas puertas y te miran como un bicho raro.

Saco este tema a colación ya que el lunes tengo una reunión con la tutora de mi hijo, ir al colegio de Nacho es visitar otro mundo, me pongo enferma, no lo puedo evitar y eso que Nacho no se le nota nada, parece un niño norma, le delata el ruido que hace y los movimientos de mano, poco a poco van desapareciendo.

Un niño con discapacidad es un niño, con las mismas necesidades, mucho cariño atención, comprensión y afecto.

Es algo asombroso ver como mi hijo que no habla se puede expresar, a su manera ha adquirido un lenguaje de signos muy suyos. Así que de paso me sirvió de terapia para mí también Nacho llena nuestra vida, los abuelos y amigos adoran a Nacho y el siempre tiene un beso y un abrazo listo hasta para un desconocido.

La experiencia que como padres vamos adquiriendo. A lo largo de los últimos seis años es increíble el conocimiento que vamos adquiriendo con Nacho es admirable de no entender nada de signos y poco apoco tener una conversación con Nacho a través de los gestos del cuerpo, evidentemente, la mayoría de los signos son invenciones suyas, pero nos entendemos y eso es lo más importante.

Hemos ido compartiendo nuestras vivencias con nuestros dos hijos, intentamos tener un ambiente normal.

Donde nuestros tres príncipes son lo más importante de nuestras vidas, estos sentimientos, me gustaría inculcárselos a sus hermanos, a Nacho hay que cuidarle mucho y tener mucha paciencia. Mi hijo en su mundo es muy feliz.

El sentido de mi vida

La vida es tan corta que no merece la pena levantarse de mal humor, te das cuenta que es mejor poner buena cara a todo y yo me pregunto ¿Por qué tenemos que ir por la vida todo el rato con la máscara puesta? Ama a las personas que te tratan bien, ama aquellas que no lo hacen sólo porque tú sí puedes hacerlo.

No juzguemos, si no queremos ser juzgados, porque con la misma vara que juzgues serás juzgado, créelo, toda pasa por una razón.

Si tienes una segunda oportunidad tómala con las dos manos, segundas oportunidades hay pocas, como también los verdaderos amigos.

Si esto cambia tu vida, adelante, besa despacito, perdona rápidamente, en la vida estamos de paso y no sabemos el tiempo que vamos a estar

Merece la pena vivir, hay que procurar que sea lo mejor posible.

Desnudando mi alma

Hace mucho tiempo, caminando en esto que se le llama vida he ido descubriendo muchas cosas, todas diferentes, me paro en las que me llaman la atención, en otro continuo porque no merece la pena.

Hace mucho tiempo que camino de frente (siempre lo he hecho), me gusta la gente sincera y directa, que no te engaña con sus verdades a medias, ni intentan disfrazarse detrás de una careta, con el fin de no sé qué cosa.

Hace mucho tiempo, que me gusta contemplar cómo se deslizan las hojas en un reguero de la calle cuando llueve, el canto de los pájaros por la mañana y contemplar la nieve inmaculada en las montañas.

Hace mucho tiempo que me he trazado una senda, mi propia senda, en la que intento ser integra con mis propios principios y demostrar con hechos mis palabras, voy por la senda del norte, como un viajero más en este duro caminar, donde siempre he medido con mi metro y pagado con mi piel lo que la mañana me ha traído.

Atrás dejo todo quien quiere causarme daño, a todo quien levanta humo denso, con el fin de confundirme.

En este camino, sólo gente buena me acompaña, gente sin envidia ni preocupada de cosas banales

Duermo junto a ellos en las noches en la que alguna tormenta se acerca, aprovechando las noches oscuras se camuflan entre ese momento de tranquilidad y beso al cielo que nunca está desnudo porque siempre un vuelo de luceros le guardan.

Por las noches, miro a las estrellas, ellas me cobijan de todo lo malo que me ronda y su manto me acompaña, jamás pierden su esplendor indicándome la ruta que abre mi corazón, el alma me acaricia, en mi pecho no hay cansancio, sólo fluye un sentimiento luminoso y puro que me hace tocar la cruz eterna de mi espada.

No hay distancias que recorrer, todo a medida que avanzamos se acerca, la mañana es la dulzura, la tarde mi alegría concentrada y por las noches reclino la frente y sueño, tranquila con los deberes.

Amanece en mi corazón, una ligera brisa en el horizonte despeja mi camino ante los surcos, del nuevo día te prepara, hoy es un día nuevo, hoy hay retos que afrontar, y escucho en el vacío donde ahondan las palabras, donde se muestran las voces sin voz, donde el silencio desnudo resucita mi mirada y vuelo a la cumbre más lejana.

Lo difícil es empezar

Lunes Lo difícil es empezar, cuando el domingo me he quedado recogiendo las cosas, hasta las dos de la madrugada, ha sonado el despertador a las siete y media y cuando he vuelto a mirar el reloj ¡¡¡¡¡¡Santo cielo ya había pasado una hora!!!!!!! Me he quedado dormida, es la primera vez, alguna tenía que ser, ¡¡¡¡¡carreras para aquí!!!!!! Despertando a los ñajos que tienen que desayunar vamos José ponte los pantalones, los calcetines, los zapatos, ponte el babi para que no te manches al desayunar.

Visto a Nacho, ¡vamos el maratón! hoy se ha quedado se me ha quedado corto todo, deprisa, deprisa, para ir al cole corriendo, que estrés, he tenido que llamar al cole de Nacho para anular la reunión que tenía en el cole.

No puedo encender la tele ha sí que me podre a escuchar música molona, música alegre, pues de lo contrario me voy a pone a llorar es un día nefasto y todo me influye en mi ánimo, el otro día escuchando las noticias, estaban diciendo, lo de las clínicas abortivas y que ellos lo llamaban, el pincha cocos, no quería sacar este tema aquí pero estoy tan indignada con estos individuos que se hacen llamar médicos, no quiero entrar en detalles las practicas que estaban haciendo son horribles, pobres míos que dolor tan grande y que muerte tan espantosa, pues con ocho meses de gestación ya están para nacer perfectamente, es una vergüenza, yo los colgaría de los cataplines, es un insulto para esa profesión, y todo por el vil dinero, poderoso caballero es don dinero.

Se puede decir más alto pero no más claro

Como dije, una empieza a darse cuenta que ya no soy la niña, ni la jovencita, me miro en el espejo y la imagen que recibo es la de una mujer cansada.

No doy a bastos ni a sotas, ni caballos ni reyes.

jajajajaja

"bueno" aun me queda un poco de buen humor tengo una pequeña y ligera esperanza de mi recuperación. La cosa es muy difícil pero he de poner todo mi empeño, no es la primera vez ni la ultima que he tenido que salir de cosas peores.

Si un día nos levantáramos y en vez de ponernos de pie a ir al cuarto de baño no sentáramos en el borde de la cama durante un par de minutos reflexionáramos un ratito, cambiaríamos muchas costumbres de nuestras vidas, sonreiríamos al vecino.

Aún me queda mucho por hacer y por aprender, estoy en pleno desarrollo como tomar las cosas con más paciencia.

Mi ambición más grande es seguir aprendido, no he cerrado la puerta al conocimiento.

Estoy contenta por mi blog, después de muchos intentos he conseguido, ponerlo como a mí me gusta.

Gracias Alnair por tus consejos, me han servido de mucho, estoy obteniendo unos conocimientos informáticos que no tenia, la lucha por superarme día a día, poco a poco se ven en los resultados, el interés perdido por los libros ha renacido en mí, una nueva ansia en devorar libros.

La gran cantidad de amigos que cada día me apoyáis y compartís conmigo toda clase de avatares.

Cuidar de mi familia, lo más importante.

Es bastante agradable decirle alas personas, porque las admiras. Es un pequeño reconocimiento anónimo para todas esas personas que admiro, muchas de ellas son lectoras de este blog.

Gracias por los que me estáis apoyando, vosotros sabéis quien sois, porque siempre estáis cuando os necesito, sin ningún interés, sin pedir nada a cambio.

A mi familia y amigas.

A mi marido Manuel, el que siempre me apoya muchas, gracias, GRACIAS, MUCHÍSIMAS GRACIAS

La belleza esta en el corazón

Que es más importante la belleza interior, o la belleza exterior, en la sociedad actual, lo que más importa es que seas guapo, simpático pero no importa que uno sea tonto, estamos viviendo en una sociedad desarrollada, pero yo pienso que estamos en el tercer mundo, no se puede seguir así, un día cuando pasen los años esa belleza desaparecerá y no quedara nada más que un cuerpo arrugado, maltrecho y lleno de recuerdos de lo que un día fue y ya no es, y preguntara todos los días al espejo, "sigo siendo la más hermosa" la imagen del espejo será la respuesta.
Es difícil encontrar el equilibrio, usar la belleza interior y exterior yo diría que es imposible siempre está por medio la dichosa vanidad, cuando una persona es bonita, hermosa siempre desea ser más y tiene envidia de que alguien en belleza la supere.
Por el contrario, una persona bella en el interior es buena, se entrega, ayuda a su prójimo y no tendrá envidia, al contrario todo le parecerá bueno, siempre hay paz en su interior.
La belleza interior una moda que no pasa, hay que buscarla con ojos interiores y en silencio que te permite ver lo invisible, pero es realmente lo valioso.
En la obra de Pérez Galdós "Marinéala" le pregunta al ciego si sabe distinguir entre el día y la noche.
Es el día cuando estamos juntos tu yo; es la noche cuando nos separamos.
En la novela "Marinéala" es una chica deforme, que por un accidente que tubo de pequeña, solo un chico ciego, podía ver su belleza interior, sin quedase en la superficie, la ceguera de sus ojos era la vista de su corazón, para sentir a los demás.
Una lección muy importante para esta nuestra sociedad tan angustiada por el cuidado, por el culto al cuerpo, una sociedad muy superficial se tiene miedo a interiorizar a mirar cómo se es por dentro, la belleza es una preocupación femenina aunque también últimamente masculina, aquí no se libra ni el gato con sus andares felinos. Pero ¿¿¿¿Qué es lo hermoso????

Como dice la canción de la bella y la bestia, que me trae muy bellos recuerdo.

Debes aprender dice la canción que ante juzgar tienes que mirar Hasta el corazón.

Cierto como el sol que nos da calor no hay mayor verdad la belleza esta en el corazón

La educación no está reñida con los buenos modales

La educación no está reñida con los buenos modales, no está reñida con nada y el saber estar y que te traten debidamente, es muy importante, si bien lo bueno modales se aprenden, la cortesía nace del corazón lo único es que hay que cultivar es la amabilidad, todo el mundo va a la suya cada día más, y los buenos modales nos parecen raros, horteradas, ¿se acuerdan de aquellos años que faltaba de todo menos educación?

A mí me bastaba una mirada de mis padres para mantenerme en mi sitio, en el colegio igual y pobre de nosotros si la monja te mandaba a casa con una notita y con la citación de la directora.

En los tiempos actuales hemos dado la vuelta a la tortilla, ahora son la mayoría de los jóvenes los que pretenden imponer sus leyes de vandalismo, esto parece el antiguo oeste la ley del más fuerte, no hay piedad. Tienen uno extraños valores, cosa que yo no entiendo.

No digo que la rigidez de antes sea la correcta, pero tampoco la dejadez de ahora. Los extremos nunca han sido buenos, también dicen que los extremos se tocan, pero como no pongamos solución hoy, mañana será tarde. Algunas de estas reglas son fundamentales para la convivencia habremos avanzado en tecnología, pero en modales estamos en la edad de la prehistoria cuando el neandertal arrastraba a la mujer del pelo.

Es cuando recuerdo que la educación y las normas de etiqueta nunca me han gustado, pero me han resultado útiles, y a mí me daban cierta seguridad.

Uno puede ser vigilante, cocinero, maestro, sabio, ingeniero o albañil, pero creo que la formación académica no está reñido con los modales ¿acaso es necesario ser Doctor Honoris causa para ser amable? Lo que ocurre es que poco importa en esta sociedad ser educado lo que prima es llamar la atención del otro como sea.

Los malos modales o mala educación, tiene una manera de exponerse se ha terminado lo de imitar y reverenciar.

Yo siempre he respetado a mis mayores y los tengo como un ejemplo a seguir, con sus experiencias en la vida, merecen respeto y cariño, es lo que intento inculcadles los. Valores a mis hijos

Para hacer una buena digestión

Pronto cumpliré un año más y siento una profunda necesidad de aligerar mi carga.

Es evidente, que unos de los problemas más generalizados actuales, es la educación en la comida.

Ser o no ser. La obesidad infantil ha aumentado en la última década, y cada vez son más los niños que optan por tomar comida basura.

Yo me sumo a esa enfermedad "comida basura" rápida y repleta de grasa

Anuncios sobre aperitivos, chocolatinas, patatas fritas, hamburguesas, pizzas, son una gran tentación para nuestros ojos, y la comodidad.

Como madre que soy, me preocupo de dar un mal ejemplo, por ser muy blanda y no tener más apoyo al respecto

Esa oscura y maléfica criatura que se está apoderando poco a poco de nuestros cuerpos, para más tarde convertirse en esa grasa en la cintura, en los glúteos que no se quita, te pones a dieta una y otra vez para perder un par de kilos, y viendo como tus hijos esos adorables niños están más bien delgaditos, a ti se te multiplica o triplica.

Pero claro es evidente la comida no engorda, engordas tú.

Qué tiempos aquellos, les digo yo cuando conocí a vuestro padre, tenía un tipín, ahora tengo tipo morsa, evidentemente, ellos no me van a recordar delgadita sino gorda es muy triste pero cierto

Me encuentro en un dilema

¿Qué se puede hacer para luchar contra los alimentos insanos?

Mucha voluntad por mi parte, y luchar contra esos pequeños y nada de inofensivas criaturas que deambulan tranquilamente sobornando a diestro y siniestro. MIS HIJOS

Hago cargo de conciencia:

No tirar por la borda y ser fuerte en el empeño, la lucha acaba de empezar, será muy dura sobre todo a estas alturas de mi vida sería absurdo por mi parte reconocer que es fácil, animo Pilar que los fogones te están esperando. Cuando no sepa que comer no te tires a lo más cómodo, prepárate un plato de judías verdes ya verás cómo no engordan es evidente las judías no engordan engordas tú.

Para hacer una buena digestión:
- Cumplir con cada una de las partes de la digestión
- Examen de cocina
- Dolor de cucharón
- Propósito de la merienda
- Decir los pescados al tenedor
- Cumplirla digestión

Y ante todo, Tener presente la forma de comer no hay que comer con gula.

Para muestra basta un botón

Nací el día 9 de enero en el seno de un familia humilde, soy hija única, para muestra basta un botón me decía mi madre, pero yo creo que no lo sentía, vivíamos muy justitos de dinero, pues mi padre era el único que llevaba dinero a casa, claro está la mujer no podía trabajar por esas fechas, mi madre cuando conoció a mi padre estaba trabajando de taquillera del metro, estaba todo el día en la taquilla despachando billetes y así día a día, se enamoraron, me recuerda a una película de Sandra Bullock pasaron muchas penurias, pero salieron a delante.

Cuando se casaron lo primero que le dijo mi a abuela a su hija era que tenía que dejar de trabajar, pues ella tenía que atender a su familia, lo mismo le dijo mi padre y ella muy sumisa pidió la cuenta y con el finiquito se compraron los muebles de la casa, donde iban a vivir, en una casa que tenía mi abuela paterna, pues mis abuelos tenían un terreno bien grande y cada hijo tenía su casa.

Yo nací antes que la televisión, nací terminando la navidad con la particularidad que cuando era niña tenía el doble de regalos, los reyes y mi cumple, por esas fechas, era una privilegiada disponer del doble de regalos cuando lo demás niños solo les traían uno, claro por esas fechas santa Claus no se dignaba a pasarse por nuestros hogares.

Yo recuerdo la noche que venían los reyes Magos era una noche grandiosa, me tiraba casi toda la noche sin dormir, para ver como llegaban sus majestades, mi madre no sé cómo se apañaba, pero al día siguiente estaban, los regalos que habían dejado sus majestades de oriente en el salón y yo ni siquiera me había enterado de su visita, después de haberme tirado toda la noche de guardia, claro pero eran magos, que desilusión más grande se habían tomado el vaso de leche y galletas que le dejaba para el camino, podían tener la educación de pasar a saludar un ratito, cosa que me molestaba bastante, mi madre me decía que eran muchos los niños que tenían que visitar y yo ya me quedaba conforme.

Seamos creativos y no dejemos que los niños pierdan la ilusión por la navidad, es una época hermosa. Con todos los adornos Navideños, los árboles de navidad, las figuritas del Belén por las mesas, las guirnaldas, los nervios

Desde el blog quiero enviar un cariñoso saludo a todos los que me leen, a los que no también, que culpa tienen. Les deseo una feliz navidad, a los que creen en ella y un día agradable en familia a aquellos que no creen y unos días agradables solos a aquellos que no creen y no tienen familia.

El espíritu de la navidad

Solo una vez al año, llega la Navidad, pero siempre trae una gran felicidad, si nos damos cuenta la navidad se adelanta cada año y un día nos vamos a dar cuenta que estamos celebrando las navidades en verano con un calor que te cagas.

No te quejarás mucho, pues ya estamos en Navidad, y tú sabes muy bien lo que esto.

¡¡¡¡¡¡ANUNCIOSSSSSSSSS!!!!!!

¡¡¡¡¡¡¡Esta Navidad, sorprenda a tus familiares y amigos con un regalo fuera de serie: un detector de oro ¡! tales para buscar tesoros en casas antiguas, haciendas!!!!!!!

Encuentra los mejores juegos de las navidades para PlayStation 3 , etc.

Quebraderos de cabeza, cada vez que vas a un centro comercial Y tus angélicos niños y con cara bondadosa. Haciendo acopio de todo lo que piensan pedir a los Reyes Magos y a Papa Noel.

Navidad, divino tesoro. La navidad y el Espíritu navideño, son términos que mucha gente solo de oírlo les invade una alegría y un gran deseo de compartir, por el contrario, también encontramos mucha gente a la que no le gustan las navidades, ni nada de lo que estas representan.

Hablando con una persona reacia a las navidades, me explicó que su razón de que no le gustaran era muy sencilla, le parecía un periodo de falsedad y consumismo compulsivo, en el que tienes que estar feliz, reunirte con un montón de gente que no ves nunca y fingir que todo es perfecto y maravilloso, yo no estoy desacuerdo, la mayoría de la gente, si siente la Navidad como tal y ese deseo de compartir de reunirte con la familia y olvidar viejas rencillas, cantar los antiguos y modernos villancicos y preguntarnos ¿¿¿¿¿¿Por qué demonios no me hablo con mi hermano si ahora mismo me lo estoy pasando en grande, claro esto lo estás pensando ya cuando estas bastante cargadito de cubatas y cosas que llevan bastante alcohol.

Cada uno vive las navidades de una manera y ninguna de ellas es criticable; solo decir que no es más que una fecha del año y que por muy raros o falsos que parezcan, son unos días que pasan lentos y que los ritmos se cambian, por eso uno se para y piensa si esta mejor en navidades o en su vida cotidiana y esa reflexión es buena yo pienso en positiva la navidad siempre será bella y de cordialidad, no dejemos que unos cuantos intenten acabar con el verdadero espíritu de la navidad es positiva, aunque ese espíritu que tenía que reinar todo el año solo sea por eso ahí están las navidades.

Los adornos de navidad, los cuentos y por supuesto los niños, ¿qué sería la navidad sin ellos?, con sus cuentos, con sus hadas, tendríamos que tener el espíritu de los niños, inocente.

En el colegio de mi hijo el año pasado hicieron la función del patito feo uno fabricó su propio saco en el que no faltaba de nada, el tesoro más inmenso hecho realidad, el reto de este día era conocer mejor al autor que había escrito tantas historias maravillosas y que todos conocemos. Andersen y sus cuentos fueron los protagonistas. Los niños de 4 a 5 años

Descubrieron los títulos de sus cuentos, emparejaron al soldadito con la bailarina, al emperador

Con sus trajes y adivinaron que para seguir la pista a pulgarcita hay que tener muy buen ojo.

Cuando finalizaron su tarea jugaron a un dominó muy divertido en el que tenían que casar la

Ilustración de un conocido cuento de Andersen con su título. Los niños de 8 a 14 años investigaron

La vida y obra de Anderson en internet y descubrieron entre otras cosas: qué se celebra

Todos los años el día 2 de abril, quién recibe cada dos años el premio Andersen o cuántos eran

Los soldaditos de plomo. Para recuperar fuerzas y como premio al trabajo realizado recibieron

Unas ricas mandarinas que Platero, el otro protagonista de nuestra Navidad había dejado en la Sala infantil

Con el frío del invierno, un lago helado apareció en la Sala infantil, en él nadaba un hermoso cisne blanco, y ahí permaneció durante la última semana de diciembre y la primera de enero; setenta niños lo visitaron a diario y muy pronto descubrieron que debajo de tanta belleza se escondía uno de los

Personajes de cuento más conocidos por todos ellos, el patito feo.

La vida es una aventura hermosa a descubrir.

No es algo fácil, porque las cosas verdaderamente importantes, se esconde en todo lo que vivimos normalmente: nuestra vida, nuestras relaciones con los demás (amigos, familia) el valor de la amistad y del amor, la experiencia de que alguien me necesite, el formar parte de algo o de alguien.

En el corazón de todo ello se esconde el gran tesoro, un tesoro que te ayudará a redescubrir.

"LA NAVIDAD"

La vida es un ciclo y mejor vivirlo

Parece mentira, que mi hijo Miguel, tenga 15 meses, mi hijo José el día 26 de Enero hace 5 años y mi Nacho hizo 6 años en septiembre, son guapísimos, que voy a decir yo que soy su madre, se me cae la baba cuando los veo, cuando mi hijo José, me hace sus dibujos de Spiderman, de los robots, como dice él y como Miguel la primera frase entendible fue "Mama caca" señalándose el culete, evidentemente, caca tenía.

No nos damos cuenta, pero en poco tiempo como cambia la vida, como cambiamos las personas.

La vida es un ciclo y mejor vivirlo muchos años, que no quedarse en el camino, pero no deja de ser duro el ver y el pensar que el tiempo pasa por todos por igual y uno no sabe cuál será su final, el tiempo y nosotros caminamos de la mano y nos resistimos a reconocer esa compañía y es que el tiempo parece remar en nuestra contra y cuesta trabajo, como decía Séneca no hay que luchar contra corriente hay que dejarse llevar, si luchas te agotas y al final te ahogas de cansancio, ver todo aquello que nos deja, como restos o simiente de sueños, cuando la marea vuelve a refugiarse entre los recuerdos.

Hoy quisiera aprisionar el tiempo, que se va deslizando entre los dedos de la existencia para nunca volver. Escuchar en ese sitio detenido, una melodía preferida, la voz de quien precederá mi vida, oír a mis padres, mi marido, hijos y al mar y las gaviotas dialogando cuando amanece,

Contemplar la imagen de quien me ama y zambullirme en el ocaso de su ser.

Tal vez en ese punto inmóvil del universo, cuando la eternidad de ese segundo logre capturar,

pueda descubrir la esencia de porqué somos, por qué existimos, por qué vivimos inmersos en la vorágine cotidiana sin darnos cuenta que debemos detenernos y evitar deslizarnos entre los dedos de la existencia, para nunca volver.

Por eso por todo lo que la vida nos presta sin recibos ni facturas, pasear sobre la arena de una playa y ver cómo la luna tiñe de claro oscuro tus huellas, es una manera hermosa de dejarse llevar por el rigor de las horas.

Espero que mi final tarde mucho, yo, por lo menos no cojo turno y así poder compartir con todos vosotros mis momentos buenos y no tan buenos, si no os importa claro

Nadie alcanza la meta con un solo intento, ni perfecciona la vida con una sola rectificación, ni alcanza altura con un solo vuelo.

Nadie camina la vida sin haber pisado en falso muchas veces.

Nadie recoge cosechas sin probar muchos sabores, enterrar muchas semillas y abonar mucha tierra.

Nadie mira la vida sin acobardarse en muchas ocasiones, ni se mete en el barco sin temerle a la tempestad, ni llega al puerto sin remar muchas veces.

Nadie siente el amor sin probar sus lágrimas, ni recoge rosas sin sentir sus espinas.

Nadie hace obras sin martillar sobre su edificio, ni cultiva amistad sin renunciar a sí mismo.

Nadie llega a la otra orilla sin haber ido haciendo puentes para pasar.

Nadie puede juzgar sin conocer primero su propia debilidad.

Nadie consigue su ideal sin haber pensado muchas veces que perseguía un imposible.

Nadie reconoce la oportunidad hasta que esta pasa por su lado y la deja ir.

Nadie debe vivir sin cambiar y ver cosas nuevas, experimentar otras sensaciones y tener la capacidad de corregir sus errores.

Nadie tiene el derecho de consumir el amor o la amistad de las personas si uno mismo no la produce.

Nadie puede intercambiar un apretón de manos con el puño cerrado.

Misión difícil " Amar"

El amor todo lo disculpa, todo lo cree, todo lo espera, todo lo soporta.

El amor no pasará jamás. Las profecías acabarán, el don de lenguas terminará, la ciencia desaparecerá; porque nuestra ciencia es imperfecta y nuestras profecías, limitadas.

Cuando llegue lo que es perfecto, cesará lo que es imperfecto.

Cuando era niña, hablaba como una niña, tenía pensamientos de niña, sentía como una niña, cuando fui creciendo y me hice mujer, dejé de lado las cosas de niña.

Ahora vuelvo la mirada al pasado y veo la niña que fui y la mujer que soy ahora, con sus problemas y con una gran familia.

Misión difícil la de amar ya que nos resulta difícil expresar algunos sentimientos como tal, salvo a aquellos a los que amamos, porque son personas allegadas.

Si este amor que es el único y verdadero amor, consiguiéramos hacerlo una forma de vida, sentirlo, que se nos hace falsamente utópico pensar que podríamos llegar a vivir en ese estado de amor hacia todos. La verdad es difícil, y lo es porque estamos llenos de miedos.

Es Navidad todos alabamos el ideal del amor, pero ¿Cuántos podemos acercarnos así sea un poquito a él?

Creo que muy pocos, quizás demasiado poco, yo mismo que entiendo estas palabras, reconozco que se me hace difícil cumplir con el mandamiento de Jesús de amar al prójimo de esta manera y pensando en ello comprendo que es el miedo la gran barrera, ese miedo creado e impuesto por nuestra forma de vida, esa que a cambio de traicionar el amor y de llenarnos de temores, nos ofrece seguridad, "ilusa seguridad".

Sólo quería dejar esta reflexión en tiempos de Navidad, para mí y para vosotros: Cuan lejos estamos aún de la palabra que alabamos estos días. "Amar al prójimo" Quizás un buen inicio sería reconocer que en muy pocas ocasiones sabemos amar, pero todos sabemos por experiencia y por intuición, que el amor ésta allí dentro de nosotros, forma parte de nuestra mas intima esencia, de nuestro sagrado ser, solo necesitamos "despertarlo".

Juventud divino tesoro

Juventud divino tesoro, ya te vas para no volver, cuando quiero llorar no lloro y a veces lloro sin querer, exclamaba el poeta, Rubén Darío.

Los versos no pueden ser más evocadores. Llama a la juventud, divina, la llama también tesoro, dos expresiones que denotan su extrema belleza y su valor.

Exclama que cuando se va, no vuelve, y es entonces las lamentaciones empiezan a tomar forma. Ah si yo hubiera hecho esto ¿Oh si yo hubiera hecho aquello otro? Pero se cumplió el tiempo.

De esos años dorados y divinos sólo quedan leves añoranzas y recuerdos imborrables.

Biológicamente la juventud empieza a raíz de dejar a un lado la adolescencia y pubertad. Serían los 17 ò 18 años de haber nacido hasta los, como promedio, los treinta y cinco cumplidos. En los chicos, las chicas comienzan primero y termina después, lo que indica que tenemos un lapso de juventud más holgado que el hombre.

Es bueno no olvidar que las etapas del desarrollo biológico del ser humano no se cumplen de manera matemática, como en nada. La naturaleza ofrece sus lapsos, y siempre el que sigue arrastra de por vida zurraspas de la anterior.

La juventud esa etapa de consolidación de la preparación humana básica recibida en la infancia y adolescencia. Se llega a ella con todos los hierros de lo que va a ser por el resto de la vida. No se llega a ella con las manos vacías. Lo fundamental se capta de lo aprendido por el ejemplo. las palabras en el hogar, en la escuela, hay desencuentros, hay disconformidad, divino tesoro dice el poeta. "Debe abarcar aspectos intelectuales". Cierto manual, alguna solidez afectiva, y amor o interés por el trabajo, si se quiere una vocación manifiesta.

La juventud es la era de la vida del fomento. Cuando más fácil es fomentar, hacer crecer, intereses comunes. El comportamiento aislacionista no se concibe en jóvenes normales. Es la edad por excelencia para fomentar ideales muy nobles, muy ambiciosos, muy a tono con las quijotadas a que induce esa fresca edad.

Ya el joven tiene el suficiente entendimiento para saber coger y dejar; que los malos ejemplos no tienen que necesariamente hacer la mella que harían en un niño el aliciente de un estímulo sano, limpio, si eso es amistad que venga Dios y lo vea.

Es completamente normal el soñar despierto sobre el futuro lleno de éxitos, y aunque parezca un contra—sentido más normal soñar despierto sobre esas cosas sin poner manos a la obra.

Esto así porque el joven considera que es demasiado el tiempo que tiene por delante, sin saber ¡ay! cuan corto es, cuan efímero pasa como una pavesa llevada por el viento. Para estas cosas sobran explicaciones porque ningún joven, aunque intelectualmente las entienda no las hace suyas ni loco, ya que significan para él una merma a su gigantesca y explosiva grandeza de ser JOVEN.

Ese es el ejemplo de Papá, el de los tíos, el del Abuelo, en las otras familias, el de los líderes políticos, el del gobierno, el de todos los que cruzan por frente a la vida de algún joven.

Hemos perdido el espejo ejemplarizado. No tenemos en la actualidad prototipos, arquetipos de hombres y mujeres vivos, que nos crucen por el lado, y que el joven diga ese es un hombre a carta cabal. Los hay buenos pero quedan oscurecidos por la vorágine ventosa de la corrupción y la basura, el joven no les ve al pasar no ve los destellos de su luz, ni el manifiesto ejemplo de sus vidas.

La risa y el sentido de la vida

Reímos por muchos motivos. La risa es la mejor terapia que disponemos, es muy saludable y pone en funcionamiento muchos órganos del cuerpo, pero ¿qué es lo que realmente nos hace gracia, y por qué? Neurólogos han buscado el efecto de, ese gesto exclusivamente humano.

El humor y su consecuencia, la risa, han sido estudiados por filósofos y científicos. De la risa sabemos que es, una "manifestación de alegría "que consiste en contraer ciertos músculos de la cara que estiran los labios dejando a la vista los dientes y dando una expresión particular a los ojos".

Cuando una persona, se ríe, une por decirlo así el cuerpo con el espíritu y elimina mucho estrés y pone en funcionamiento, esta máquina que es nuestro cuerpo.

Reír es una manifestación concreta de procesos cerebrales producidos por factores puramente químicos y por otros afectivos. Por eso es tan beneficioso reír hay países en los que se celebra la risa en comunidad como terapia para prevenir enfermedades. ¿Sabías que reírse quince minutos por día es bueno para el sistema vascular?

Cuando nos reímos de un chiste sucede algo extraordinaria pasa en nuestro cuerpo, dos segundos después de escucharlo se activan ciertas áreas de la corteza cerebral responsables del recuerdo y la memoria es decir que para poder reírnos, debemos poder recordar el comienzo de la broma.

Además, se produce una desactivación en el lóbulo frontal, algo así como una señal que nos dice "suéltate", "puedes perder el control, puedes reírte". Según Wild, "el humor deja fuera de acción un acervo cultural de la humanidad: la capacidad de controlarse".

Ya Freud decía que detrás de toda broma hay siempre una verdad.

la risa es sana, sin ella las posibilidades vitales del hombre disminuiría o, como diría Woody Allen con ese humor tan especial: "¿Qué tal si todo fuese una ilusión y nada existiese en realidad? Entonces habría pagado definitivamente demasiado por mi alfombrado". La risa nos ayuda a darle sentido a sucesos o hechos que, de otro modo, nos aplastarían, a unir las piezas del rompecabezas que es la vida, para poder comprender más lo incomprensible.

¿Se han perdido las tradiciones navideñas?

La época de Navidad anteriormente era considerada como un tiempo en el que reinaba aún más la convivencia familiar. Las muestras de cariño y afecto eran más evidentes, pero todo parece indicar que se ha transformado en un fenómeno comercial.

Las personas gastan sus ahorros y bonificaciones en grandes compras y dejan a un lado su verdadero significado.

Comer junto a toda la familia o abrir los regalos después de las 12:00 a. m. del día siguiente son ejemplos de que estas costumbres van poco a poco perdiendo vigencia.

Todavía recuerdo cuando era una niña y se acercaba la navidad. Las calles se llenaban de luz y el espíritu navideño reinaba por todas partes. No sé si soy la única que lo piensa pero creo que cada año vamos a peor para estas fechas.

Nos estamos convirtiendo en una sociedad consumista que sólo se preocupa por comprar cuanto más mejor y estamos olvidando cada vez más el espíritu de la navidad. ¿Será este tiempo tan bueno que hace que nos trastorna?

El cuidado del cuidador

Tengo una gran pena y en este sentido me siento sumamente sola y sin ninguna ayuda al respecto, no tengo derecho de ponerme mala y eso es una cosa que no soporto, yo no puedo controlar, el estar enferma o sana.

Solo sé que cuando estoy mala nada funciona y que las cosas que normalmente haces sin ningún esfuerzo, se te hace un mundo, por ejemplo el estar sola con mis hijos, es una cosa habitual pero hoy es superior, con el dolor tan grande que tengo, por culpa de la infección en los ovarios y mi dedo que parece una morcilla relleno de pus.

Yo me paso todo el día, y todos los días cuidando de mi familia, y ¿Quién me cuida a mí?

Me encuentro sola, mi marido, trabajando, hoy le toca de noche, yo tengo jornadas intensivas lo mío no tiene descanso, mañana, tarde, noche.

Mi hijo Nacho sigue haciéndose pis en los pañales, hay que darle de comer, anda muy mal, no habla, se aísla mi niño es feliz, pero los que estamos a su alrededor sufrimos en silencio.

¿¿¿¿Dónde están todas esas promesas que nos Iván a facilitar un poco la vida?????

La ley de dependencia, que te facilitaría las cosas, la ley salió hace tiempo, haciéndonos rellenar un montón de papeles, en la actualidad no se sabe nada....

Todo es una patraña y la foto para la galería.

A ver si nos paramos un ratito a meditar si lo que hacemos es el correcto.

Me siento desatendida por parte de la sociedad, sin poder trabajar.

¿¿Debería prestar más atención a mis hijos??

Paso todo el día para atender a mi familia.

Pero ¿Quién me atiende a mí?

He perdido el contacto con mis amigas y el único contacto que tengo es un ratito en el MSN. Y aquí en el blog que se ha convertido en mi pequeña vía de escape.

Algo es algo.

Las razones son obvias.

Mi marido trabajando para sacar a flote a cinco miembros de una Familia numerosa.

Me siento culpable pues no puedo aportar ningún ingreso, que pueda paliar un poco la mal trecha economía familiar.

CONCLUSIÓN

Tengo tres pequeños en casa, un nene de 16 meses, 4 y 6 años, además de ser una madre y esposa, me considero una persona cuidadora.

"el cuidado de uno mismo es una obligación básica, hay que quererse, pero lo digo con la boca chica".

El milagro de la vida

Si tuviera la oportunidad de regresar al vientre de mi madre, y pudiera elegir lo que deseo ser, volvería a ser mujer.
Esa sensibilidad tan intensa que fluye natural en nuestros cuerpos ese deseo insaciable de ser amadas
esa fuerza interior que nos mantiene firmes a pesar de las difíciles situaciones que nos depara la vida.
Saber lidiar con los problemas sin mirar atrás creer en nosotras mismas a pesar de todo levantar nuestros rostros con mirada de esperanza a pesar de los prejuicios del mundo donde creen que una mujer debe permanecer bajo el yugo del "más fuerte".
Superar el dolor con valentía poder reflejar nuestros sentimientos tal cual son extender una sonrisa, dejar correr una lágrima siendo nosotras mismas en todo momento intentando siempre calmar el dolor de los demás.
Poder decir un "Te amo" sin temor al rechazo sin pensar que esa palabra pueda significar un compromiso
sino que es sólo el reflejo de un sentimiento sumamente tierno y sublime.
Llevamos en nosotras ese lugar tan especial donde una nueva vida comienza alimentando desde nuestro interior
ese ser que apenas se está formando y que nos hará capaces de conocer
uno de los más grandes amores que pueda sentirse
sin importarnos cuán marcados puedan nuestros cuerpos quedar ante esa "Maravilla Divina" que es "la maternidad "
Tenemos esa habilidad tan maravillosa y sutil para lograr que nadie nos entienda a veces ni nosotras mismas y de algún modo eso nos hace diferentes Siempre soñando, siempre viviendo.
Siempre luchando, siempre amando.
Si tuviera la oportunidad de volver a nacer.
SIMPLEMENTE
"VOLVERÍA, A SER MUJER"

(Muchos hombres critican a las mujeres, sin embargo, no saben vivir sin ellas.)

"POR ESO HOY QUIERO LLENAR LA VIDA, DE FLORES, DE MUSICA Y COLORES"

Quiero compartir con vosotros, mis más bellas flores, mis hijos, lo más bonito que he podido hacer y que no se puede igualar a nada.

¿¿¿¿Qué es el dar la vida, ante la inmensidad del océano?????? Para mí se queda pequeño el océano, es tan maravilloso que no se puede describir.

Pues esa es mi felicidad, en estos momentos, que os quiero transmitir, Cuando miro a mis hijos, veo el milagro, el milagro de la vida

Mi rubio de ojos azules

Cuando me quede embarazada de mi pequeño era evidente que lo que tenía en mente era tener una niña.

Ya tenía dos chorritas ahora lo que me pedía mi corazón era una niña con su cara angelical su pelito largo para hacerle sus coletitas y su cariño de niña no los brutos de los chicos, en sus juegos, y en todo lo que hacen, no miran que son mayores o son niños de su edad, la delicadeza de una niña, no la tiene un niño, error por mi parte, yo me he criado con mis primos ya que soy hija única y me he criado estilo chicazo nada de delicadeza, pero esto lo estoy recapacitando ahora cuando estoy escribiendo estas palabras.

El embarazo de Miguel ha sido si dudarlo el mejor de los dos que he tenido, he podido desfrutar de mí tripita de embarazada, y sentir las patadas, es alucinante lo bien que te sientes al sentir a tu hijo dentro de ti.

En la segunda ecografía que me hicieron ya me dijeron que era otro niño pues era evidente estaba muy bien dotado, y se veía claramente el órgano viril.

Lo que tardaron en coserme y prepararme, mi ceporrín se agarró a la teta y no ha parado de mamar hasta el año.

Es increíble cómo crecen los niños no te das cuenta, ya se sube en lo imaginable.

Ventanas, mesas, camas, y por supuesto lo que le encanta es apagar el ordenador, cuando estoy haciendo cualquier tipo de trabajo….

El muy golfo se parte de risa porque sabe que no está bien lo que ha hecho.

Ante tanta demanda para conocer a mis peques voy a empezar de menor a mayor y hoy que estoy bastante animada, podéis disfrutar conmigo, que soy la madre, de estas fotos que las hice con todo mi amor, me sale por
JUGANDO

Fíjate estoy rodeado de mis muñecos q contentos están papa y mama se les cae la baba.

Mis papis están muy contentos, los hermanos juegan conmigo mucho, aunque todavía yo no lo pueda hacer.

Son mis 4 meses más bonitos toda la familia está alrededor, es un niño guapísimo

Hoy es mi cumple mes cómo veréis estoy creciendo mucho, ya soy todo un bebe y necesito de mimos y caricias.

Los abuelitos Ignacio y Pilar, mis hermanos, Nacho y José, Papa y Mama, aunque no lo sé decir los quiero muchísimo.

Un día en la playa, estamos pasando unas minis vacaciones, Papi, Mami, Nacho y José ¡¡Es muy divertido!!

En la playa, estamos en la casa de Murcia, pasando unos días.

Hoy me bautizan es un día especial. Mi Mama está muy emocionada. Ha venido mucha gente.

Soy tan guapo papa, mama

¡¡¡¡Que me decís de esta sonrisa!!!!! Estoy para comerme. Yo me dejo con mucho gusto.

Y esta es la historia de mi rubio con ojos azules, que nos tiene a todos, hipnotizados.

Continuara si no soy muy pesada

Pide un deseo

Pídeselo a una estrella en particular, mira fijamente al cielo estrellado y piensa un deseo, con toda la confianza de que se va a cumplir. Escríbelo en un papel, dóblalo muy bien y métlelo en una fuente. Vete echando todos los papeles que quieras, en cada uno un deseo, un "quiero encontrar otro curro", un "me gustaría mucho conocerle", un "deseo pasar con fulanito el resto de mi vida", lo que sea lo importante es que lo escribas, lo dobles y te concentres en él mientras ves el papel arder poco a poco.

Dicen que si deseas algo con mucha intensidad termina por cumplirse.

Las estrellas se han puesto de acuerdo para que esto se haga realidad.

Ten cuidado con lo que se desea, porque puede cumplirse.

Venga, pide un deseo con todas las fuerzas.

La noche más especial

En el mundo de los duendes, hadas, se sabe cuáles son los secretos mejor guardados de la historia de la navidad:
Por ejemplo, yo recuerdo, cuando era chica, la noche que venían los reyes magos era especial, a mi madre le costaba lo que no está en los escritos el mandarme a la cama, pues yo quería verlos.
A mi casa sólo venían los Reyes.
En un principio era más que nada porque por esas fechas el gordito de Papa Noel no sabíamos de su existencia, hija única imagínate, mis tías llegaban cargadas con los regalos que los reyes le llevaban a sus casas la noche del 5 de enero y yo me preguntaba por qué a mi casa no podían llegar también a esas horas que me encontraba yo despierta.
Le pillaba de camino me respondían mis tías.
Ingenua que era una, bueno por esas fechas, ya mis primos me estaban metiendo en la cabeza, que los reyes magos, los que traían los regalos eran papa y mama y los tíos.
En mi cabecita no podía caber y no entendía que esos señores que estaban sentados en sus tronos con barba, fueran mis padres y mis tíos, estaban tontos, estaba clarísimo.
Mis padres estaban a mi lado y los reyes estaban enfrente de mí e incluso tengo una foto, que lo puede demostrar.
Aquí se quedó la cosa, luego llego la desilusión fue cuando alguien me dijo unos años más tarde que no existían y que los reyes eran los padres, que solo era producto de la imaginación, no veáis que mal, pero que mal me sentó, después me lo pensé mejor y en el fondo muy en el fondo ya me lo sospechaba.
Esta preferencia por Sus Majestades se refuerza además porque creo que es bueno subrayar que en la Nochebuena celebramos el nacimiento del Niño Jesús, y que ese es el único acontecimiento alrededor del que debe girar la celebración.
Si no, acabaremos como en las películas, dónde lo importante de la Navidad son los adornos y los regalos. El Ángel dijo "os ha nacido un Salvador, el Mesías, el Señor"

para que los pastores fueran a adorarle, no para que se fueran de Belén al Corte Inglés.

Como buen duende he mantenido este secreto guardado, fiel a los consejos de los sabios del mundo de la imaginación, pero esta Navidad se me ha permitido por los altos cargos de la ilusión contarle este secreto a mis seres más queridos para que si por cualquier circunstancia y en cualquier momento encontrasen un saco vacío, no piensen que su vida quedó vacía como el saco y metan en él la ilusión, imaginación y ternura necesaria y recuerden el amor que sienten en Navidad y lo lleven en el saco el resto del año para seguir viviendo con alegría y agradecimiento.

Buenos deseos

Comienza un año y termina otro lleno de buena voluntad, nos hacemos muchos propósitos.

En esta ocasión y por primera vez quiero compartir con vosotros mis propósitos para el año 2008.

Anualmente subimos a ese tranvía llamado deseo y desplegamos los mismos buenos propósitos:

1. El terrorismo en España acabe bien y sin más derramamiento de sangre de inocentes
2. Dedicarme un poco más al cuidado de mi persona
3. Tener más paciencia
4. Aprender a relajarme
5. Refunfuñar menos
6. Leer, leer, leer y leer.
7. Relacionarme con mi entorno
8. Estar más con mi marido.
9. Perfeccionar el Inglés.
10. Bajar unos kilos de más.
11. Ser más tolerante.
12. ser mejor madre, e hija.
13. Ser más contaste con lo que hago.
14. Cuidar mi salud.

Miles de buenos deseos y propósitos que muchas veces son cumplidos y otros se quedan en el baúl de los buenos deseos.

Es bueno desear, Una vida feliz requiere alguien a quien amar, algo que hacer y algo que esperar, Porque todo deseo estancado es un veneno que entristece.

Los deseos deben canalizarse, porque los buenos deseos no bastan para merecer un mundo mejor. Es necesario actuar. Los perezosos siempre desean hacer algo, pero son más felices las personas continuamente ocupadas.

Desear no basta: hay que soñar, querer y hacer.

Del deseo deshecho surge el desencanto, el despecho, y el desespero. A menudo, el deseo de lo que nos falta no nos permite disfrutar lo que poseemos. El proverbio dice: "Corazón que no tienes lo que deseas, si aprovechas bien lo que tienes, verás menguar tus ansias y aumentar tus bienes".

Un Propósito es un ánimo de hacer o de no hacer algo; una intención determinada, cualidad voluntaria y deliberada a la dejadez.

Si bien es cierto que es mínima la diferencia entre ambos conceptos, también lo es que así como prácticamente es casi imposible lograr todo lo que uno desee, sin duda alguna aún existen mayores posibilidades alcanzar lo que un ser humano se propone.

La gran odisea

La cuesta de enero se presenta, en esta ocasión, muy empinada.
Se presentan dificultades para llegar a fin de mes.
Hay algo que no sube, los sueldos.
Hay que estudiar álgebra para hacer la lista de la compra.
10:30 Hago la lista de la compra en casa: coca cola, chocolate, Leche, carne, huevos, galletas para los ñajos, en fin, la lista parece el testamento de la abuela lo imprescindible.... si eres mujer. Y añades, espuma de afeitar para el marido, champú.
16:30 Para colmo, la lista te la dejas en casa y decides improvisar.
17:00 No le des más vueltas, por mucho que pienses: es primeros de mes, la cuesta de enero, nadie tiene un duro, todo el mundo debe estar durmiendo la siesta, viendo el peliculón, etc. Te decides y vas al Híper. Escuchando a la vez los gruñidos de mi marido, nunca me haces caso Por un oído te entra y por otro te sale y cosas así. Te armas de paciencia es Sábado 5 de la tarde Da igual CARREFOUR, EROSKI, ALCAMPO, MERCADONA..., son todos iguales. Y en las afueras del centro. Cientos de miles de personas han pensado como tú, esperas en la cola, Ni un sitio para aparcar.
De pronto, cuando estas a punto de marcharte, EUREKA ves alguien que se dirige a su coche. Te dices para ti: 'Ni el séptimo de caballería me mueve de aquí'. Eso sí, el susodicho individuo no tiene prisa. Tranquilamente abre la puerta del coche, y comienza a meter las bolsas una a una, revisándolas, como si no fuera su compra, como si le extrañara ver el paquete de garbanzos ahí. Tu tensión nerviosa está subiendo.
Por fin, después de buscar durante 10 minutos las llaves del coche, abre y entra. Oyes como rasca la caja de cambios al intentar meter la marcha atrás nos ha tocado el mayor inútil de todo el parking. Al fin sale y entras tú.
17:45 Te dices bueno lo peor ya ha pasado, respiras y te calmas. No tienes monedas de 1 Euro para coger el carrito. Si alguien pusiera un negocio de préstamo de

monedas se forraba; estarías dispuesto a pagar lo que sea por una monedita de 1 Euro

17:55 Ya tienes 5 monedas de 1 Euro pero ahora en los alrededores de la puerta no hay carritos. Te recorres otra vez las diez hectáreas de parking buscándolo. La tensión arterial se te pone en 20—14. ¿Recompensa?, uno carrito para ti solito. Lo coges y mientras vuelves al interior del centro te cuestionas ¿Por qué todos los carritos tienen una hoja de lechuga? ¿Es que hay un grupo de empleados que las va colocando por la mañana, una a una?

Cuando no es temporada de lechuga, ¿de dónde las importan? mas cuestiones: ¿Por qué siempre te toca un carrito con las ruedas jodidas? No sería mejor reciclar el grupo de empleados lechuga dotes a mecánicos reparadores de carritos.

18:15 Bueno, estamos dentro. Mientras te diriges a tu destino, te asalta un amable individuo que te ofrece la tarjeta de crédito más económica en lugar de pagar te pagan a ti ¡¡¡ija, ja, ja!!!! No dan duros por pesetas. Señor le voy a comentar las muchísimas ventajas de nuestra tarjeta, bla, bla Tu aaaa no te le quitas de encima —bla, bla, sólo un 2% de interés.

Preguntas: ¿anual? El pobre que todo lo que tiene de bueno lo tiene de tonto, contesta:

—Sí, no, no sé, pero me parece que 2% al mes.

Para despedirte le dices:

—Gracias pero no me interesa....

Es ahora cuando de verdad empieza tu calvario. Los pasillos están abarrotados. ¿Por qué las viejas dejan el carro en medio del pasillo, mientras se van a buscar productos 200 metros más allá? Siempre hay algún gordo que tapona el tráfico.

Es una jungla. No hay reglas. Nadie cede el paso. No existen semáforos, ni señales. Una vieja gorda que va detrás de ti te ha golpeado ya tres veces con las defensas metálicas del carro, en los tobillos. La miras, pero ella ni siquiera se da por aludida.

Estás sudando, jadeas, tienes los riñones al jerez de tanto luchar con el carro, con el peso de tus hijos que comodones que son van dentro del carro ¿Es que tienen vida propia? Los carros evidentemente... ¡Si es que toman su propias decisiones! Tú quieres ir a la derecha, el se empeña en girar a la izquierda.

A quien pueda leer esto: ¡Por amor de Dios, arreglen los carros! ¡Se lo suplico!

Y ya paras de mirar el reloj

19:50 Has terminado, o eso creías. Te diriges a la caja. 89 cajas. Todas repletas.

Llevas artículos para parar un camión por lo tanto no puedes ir a una caja rápida, y te preguntas, mirando el reloj ¿Qué coño hago yo aquí, con lo bien que se está en casa. Menos mal que Salí a las 16:00 de la tarde de casa... moraleja....hay que hacer caso del marido.... De vez en cuando....

FIN

La esperanza de un mañana mejor

Me gustaría que cuando mis hijos fueran mayores, tuvieran conmigo la misma confianza que yo tengo con mis padres, intento infundirles un respeto por sus semejantes y que no haya ningún tipo de discriminación, pero es una tarea muy difícil y cada día salgo sorprendida.

Lo cariñoso, que es mi hijo Nacho y la sonrisa tan limpia.

De la capacidad que tiene mi hijo José y lo más curioso que cada día, me sorprende con una cosa distinta.

El día de mi cumpleaños me regalo un dibujo precioso y lo al candor que es siempre me está piropeando.

Mama que guapa que estas

Te quiero muchisimaaaaa

Cuando sea mayor me quiero casar contigo

Te voy a regalar muchas cosas cuando trabaje y gane dinero

Siempre me han gustado los niños y lo he tenido muy claro y cada hijo mío ha sido fruto del amor por su padre y las ganas mías de ser madre, aunque la familia de mi marido no estuviera de acuerdo, pero era nuestra vida y lo decidimos era crear nuestra familia, con ayuda simplemente de la mía.

Miguel es el peque y el malcriado y a su vez es el más espabilado, el golfo no para, este va a ser equilibrista siempre por los altos, hemos tenido que re decorar la casa y las sillas y todo objeto en el que se puede subir lo hemos tenido que quitar de su alcance, llegas a casa y ves una silla encima de la otra y cara la pared.

Empieza a parlotear, mama, papa, nene, agua….

Por un lado tengo claro que quiero que mis hijos no carguen con su hermano Nacho, me gustaría que mi Nacho tuviera su independencia y que supiera vivir él su vida.

Tengo la esperanza de que un día pase pero lo tenemos muy crudo y me veo con Nacho con 50 años y nosotros viejecitos y cuidando a un señor ya mayor y con mentalidad de niño.

La incertidumbre del mañana….que pasara con él cuando no estemos nosotros, es muy duro, pero es lo que pienso muchas veces.

Por otro lado, sí deseo que sepan respetar, y me pregunto muchas veces:

¿Vivo el día de hoy y organizo el día de hoy?

¿Tengo respeto de mí misma?

¿Soy sincera conmigo misma? ¿Con los demás?

"Si una persona está luchando por su familia y se ve a sí misma débil y vulnerable, es muy difícil salir adelante.

Estoy de acuerdo en que cada uno tiene derecho a quejarse y expresarse como quiera, es mucho más probable que yo siempre intente ser tolerante ya que me gusta que me respeten.

Pero hay veces que se me hace muy difícil respetar. Con los que quieran hacerme daño. Y no comprendo cómo hay personas que no permitan el relacionarse con su familia.

Pero luego me siento mal conmigo misma incluso me siento humillada.

Hoy le voy a dedicar este escrito a estas personas que sin yo querer ha hecho de mi vida, esa ansia de superación y lucha por "mi familia"

Esa familia que ellos no aceptan, ellos sabrán el porqué.

Hablaré conmigo misma e iré pensando la manera de encajar las patadillas.

Afortunadamente tengo el placer de amar, tengo el tiempo para mis hijos y creo que es suficiente, todo lo que nos haga fácil la vida se agradece y todos participamos de ello, pero pienso que el proponerse hacer algo distinto nos hará crecer como familia y como personas.

El derecho a la vida

Yo como madre de familia me siento, defraudada, humillada, cómo es posible que hasta alturas, donde hay más medios que nunca, cuando la educación sexual es más amplia, todavía se siga cayendo en los mismos errores.

A raíz de una investigación de una televisión Danesa, se ha sabido que en Barcelona se estaban cometiendo crímenes horrorosos, ha habido una investigación y hay médicos detenidos y varias clínicas cerradas.

NO AL ABORTO.
SI A LA VIDA.

Niños de hasta 8 meses eran abortados, sus cuerpos congelados y por la mañana pasado por una trituradora

Me pongo enferma, cada vez que sale en la televisión la práctica de abortos y con ocho meses de gestación cuando ya es un niño.

Mi hijo José nació de seis meses.

Más riegos que tuve yo, mi vida corría peligro, no lo dude ni un momento estuve ingresada tres meses en el hospital, en alto riesgo me ingresaron en noviembre y el día 26 de enero nació mi José... por cesárea 1,200kg tenía que haber nacido en abril.

Si no quieres a los niños siempre hay alguien que los adoptaría y no se tendría que cometer esas barbarías, como trocear al niño en la tripa de la madre, para sacarlo ¡¡¡ por Dios !!!

Esos métodos implantados son una vergüenza para la humanidad, me recuerda cuando mi perrita esperaba perritos y cuando el día el parto uno de ellos se quedó atravesado y le lleve al veterinario, me dijo que lo único que podía hacer es trocear el perrito y sacarlo, claro está y es evidente, que cogí mi perrita y me la lleve a otro veterinario, el cual con mucha paciencia y masajes conseguimos que los perritos se salvaran, y tubo seis cachorros preciosos sin que la madre ni los perritos salieran dañados... yo abogo por el derecho a la vida...

Más de 60.000 abortos cada año se hacen irregularmente, llegando hasta extremos como el comentado anterior de ser hasta de 8 meses.

No solo en Barcelona, sino en toda España se está llevando a cabo esta labor, por lo que lancemos un grito para acabar con estas prácticas aberrantes.

Noches de blanco satén

La Luna nos espiaba detrás de unos altos edificios, era una noche tranquila era estrellada y el cielo lleno de estrellas, una linda noche de primavera, de esas que te gusta quedarte hasta bastante tarde una noche hablando los dos sí eso mismo, una noche, desde que oscurece hasta que amanece una buena conversación, porque me ha pasado, Coca Cola de litro y medio y de postre dos conitos de dulce de leche.

Sentados en un banquito, buena conversación desnudar el alma es sumamente fácil, sólo expresas, dices quien y que eres, y es reciproco, y entre palabras, gestos, miradas, al paso del tiempo sé que perduran como si fuesen ahora, como si las dijese o las escuchase ahora, sólo es dejar hablar al corazón, la racionalidad queda a sotavento, una noche de pasión no se elige, surge "porque una noche de pasión son chispas", sabes de qué chispas te hablo, son las que se pierden, las que se derraman en una noche de blanco satén.

A lo lejos el horizonte comenzó a clarear avisándonos de la llegada de nuestro mayor enemigo. Habíamos incendiado la aurora con nuestro abrazo y ahora nos devolvía acrecentado su fuego.

Era momento de refugiarnos, de descansar en espera de una nueva oscuridad.

Por eso en la soledad y tranquilidad de la noche, miro por la ventana y me viene a mi memoria esa noche que sin haber planeado nada todo salió perfecto.

Te amo

Vivimos una historia de amor cómo un acto de magia, surgiste en mí
vida, todo cambió con tu llegada, encontré dicha hasta en las cosas más simples, me enseñaste los colores de la vida, no dudes cuán grande es mi amor, sólo mira mis ojos reflejados en los tuyos, escucha cómo mi corazón late al compás del tuyo.

Te pienso cada minuto del día, sí antes que te vayas ya te extraño, tengo tu imagen gravada en mi corazón, cada vez que apareces quisiera detener las horas, que las agujas del reloj se detuvieran para siempre, para que la eternidad sea nuestra compañera.

Miro ese cielo en noches que no te veo, te busco deseando ver tu rostro reflejado en esa estrella lejana que miro sin cesar.

Es tan obvio mi amor, conocerte es lo mejor que me ha ocurrido, te amo y no puedo evitarlo, disfruto cada suspiro, este mar de sensaciones, en este cielo.

Hoy cada mañana es distinta, hoy cada día tiene otro color, mi alma me hace vivir, me hace sentir la vida de otra manera. Hoy todo me sabe a ti, te amo cielo, de una manera que aún no logro explicar, pero ¿sabes? hoy sólo me basta eso, saber que te amo, saber que estás allí y para mí.

Quisiera

Pensé, que era un buen momento para, escribir lo que mi corazón siente. Para mí…. "mi blog" es un escape una manera de salir de la monotonía y poder relacionarme con personas con mis amigos/as que día a día los siento más cerca esa es la sensación que tengo yo una puerta trasera.

Poder escapar de la monotonía cuando te acostumbras es malo, dejas de vivir para convertirte en un ser sin sentimientos, te conviertes en un robot la casa, los ñajos, el marido que pasa con mí" yo" ese yo que intenta pedir auxilio mientras otros intentan ponerme un mandil y, este todo el día con fregona en mano y a la vez dando con el plumero yo les pido un descanso y decirles que también tengo vida y que tengo derecho a ese descanso

Y qué decir, si a pesar de estar muy acompañada, me siento muy sola, soledad, que me induce a tratar de escribir, quizás, no tan bien como los demás, pero sé que me ayudará.

Siempre serás mi bebe.

Hoy me he despertado con una idea machacona e insistente, son las siete de la mañana me pregunto ¿Dónde se ha metido todo el mundo? Durmiendo naturalmente, no lo puedo evitar, las secuencias de los hechos son nítidas, exactas. Para esto soy muy mía, y una cosa es la imagen que proyecto a los demás y, otra muy distinta, es cuando me siento cada noche o cada amanecer a charlar con mi sombra.

A mi memoria viene y llegado a este punto, no puedo evitar recordar, el tiempo se estancó, mentalmente, me lleva a la mañana de ayer, cuando mi hijo José llega pidiendo más atención, mama necesito que juegues conmigo "José ahora no puedo estoy recogiendo las cosas, ve a jugar con Miguel mama, Miguel es pequeño y no sabe jugar al pin—pon y tu sí porque tú eres mi mama y lo sabes hacer todo, pues espérate un poquito que como es habitual luego llegan pidiendo la comida y sin ningún miramiento, yo te necesito ahora y necesito que juegues conmigo ¡¡¡¡ nadie quiere jugar conmigo!!!! Poniendo cara lastimosa daba pena, cogí los bártulos el dejé en la cocina y me puse a jugar con mí ñajito.

Siempre hay un poco de locura en el amor, y también un poco de razón en la locura. (Dicho muy cierto).

Hoy vi como mi niño también ahora, lloraba de penita.

Entré en su cuarto y le sentí sollozar. ¿Qué pasa? pregunte, nada mamá, respondió, ¿nada? ¿y porque esas lágrimas? claroiiiiiii cómo no entender, una penita!!!!! José. Tardó en contestar, pero logré sacar lo que sentía, un mal entendido y no pudo solucionar, la profe en el cole le había regañado delante de todos los niños y mi ñajo siempre es muy bueno en el cole.

Hoy me di cuenta, que mi bebe ya no lo es, se ha convertido en todo un hombrecito, sí, un hombre que empezará, también a sentir lo difícil que resulta el día a día y que ahora tiene a su Mami para poder evitar todo sufrimiento, pero no puedo, eso lo aprenderás en el camino, yo solo podre guiarte ayudar en lo que se pueda pero tendrá que aprender él solito como hemos hecho todos y ser tu Mami, hasta quizás tu confidente.

Hoy, comienzas a ver la vida, de que se trata, un caer y levantarse, más seguir, no quedarse.

Ya lo aprenderás mi pequeño hombrecito. Te quiero mi niño, porque a pesar de que crezcas siempre serás eso, para mí, mi niño.

Feliz cumpleaños mi niño

Feliz cumpleaños mi amor! Sé que no hay palabras suficientes para expresar y felicitarte en un día como hoy.

Hoy hace 5 años que nació José Manuel para llevarnos una inmensa alegría a nuestra familia. Mi regalo de cumpleaños ya está preparado: En un día como hoy te deseo felicitar, y desear todo lo bueno y bonito del mundo, (sí, todo bien cursi yo), espero de corazón que te los pases bastante bien, que recibas muchos regalos Debí llamarte, tesoro, con tu llegado entro en casa un bocanada de aire fresco, eres el huracán que todo lo arrasa, nos has inundado con tu cariño y simpatía...que puedo decir yo que soy tu madre, se me cae la baba cuando te miro, aun, me parece mentira que existas, te miro mil veces, no me canso.

Creo que me estoy quedando sin palabras, o en su defecto todo lo que te quiera decir.

Te adoro mi amor. De veras, lo mejor para ti hoy, mañana y siempre.

Llegaste a mí como un regalo,

Llenaste mis espacios, con tu presencia.

Traías de mis tantas cosas, mi pequeñito, Tu piel, un trozo chiquito de la mía, tu sangre parte de mi sangre, tu vida, tomada de mi vida.

Que gusto me da sentir tu calor rozar tu piel suave y tersa, con amor

Sentir tu aroma a leche fresca y miel saber que estás y que eres mío.

Tus ojos pequeños y vivaces me alegran el alma, puedo estar horas y horas contemplándote, mis manos dichosas ríen al tener las tuyas, tus dedos se me aferran, sin querer soltarme.

Mi semilla germinada, ahora una flor hermosa, debí llamarte ternura, es lo que despiertas en mí, cuanto deseaba tenerte en mis brazos, soñaba tanto con verte llegar y besarte.

Y aquí estas junto a mí y no puedo más que amarte.

Hijo mío, soy una mama feliz, gracias a ti.

Feliz cumpleaños vida.

Te ama con todo el corazón.

Mami

La vida son tres días y ya pasaron dos

Hoy más exigente que de costumbre, ultra detallista y es que quiero que comprendan el verdadero sentido de servir!

Dicen que si tienes que preguntar es porque todavía no es tiempo de que aprendas. Tiene extrema lógica hoy lo viví como se explica a alguien.

No cierres los ojos a la suciedad del mundo, no ignores el hambre, no olvides la guerra pero antes haz algo para combatirla, aunque no te sientas capaz.

Mira, es que amar es ESTO

Es que servir es hacer esto y esto y esto, no eso no es una receta de cocina eso se SABE o no se sabe cómo y luego cuesta explicarlo sólo la experiencia te da las herramientas y la pericia para ejercerlo.

Todas las benditas mañanas amanece un sol fabuloso que disfruto a plenitud mi musiquita mañanera, mi sonrisita en la cara la calle fresca y trotando con mis ñajos al lado.

Qué lindo que todos los días tengo una mañanita nueva para estrenar.

Y se me olvida el ayer, pero sin olvidar lo aprendido.

Y pienso. Mañana tendré otro solecito tibio que estrenar y otras nuevas líneas que escribir o desangrar.

Mañana será otro día.

7:00 Me levanto, bajo a la perra y ducha.

7:30 preparo los desayunos, desayunar

8:00 Voy a llevar a las ñajos al colegio, Nacho entra a las 8:30 y José a las 9:00.

8:30: espero con los ñajitos en el parque jugando a que llegue la hora.

9:00: me voy a tomar cola cao en casa. es miércoles, risas, me divierto...leyendo my blog

11:00: voy a por el pan y algo para merendar, 12:00: Vuelvo a casa. Recojo la casa

Preparo la comida.

13:15: pongo lavadoras y plancho

14:00: comemos, aprovecho para echar un vistazo a my blog

15:00: fregó los cacharros de la comida

16:00: Voy a recoger a los ñajos

16:30: Un ratito de parque
17:30: vamos a comprar chuches
18:30 Tomo una coca cola con una amiga
19:00: hora de baños...despelote padre
20:00 naufragio universal
21:00: hora de la cena, sálvese quien pueda, la cena. Cenamos
22:00: acuesto a los ñajos y comienza mi vida
22:30: preparo la ropa del día siguiente
23:00: plancho, plancho, plancho,
24:00: ya no puedo más se me han acabado las pilas
01:00: me voy a la cama

Es mi día. Como el de cualquier mamá, pero esta mamá está agotada y no puedo más, me pido demasiado pero mi meta es que mis ñajos noten lo menos posible lo que me pasa.

Se puede

Muchas veces me han preguntado:

¿Cómo puede ser uno positivo?, ¿es posible, ver las cosas con esa visión, cuando vivimos tantos sufrimientos?

Y a todos les contesto, que en realidad, ser positivo no implica no sufrir o estar siempre feliz.

La vida es un sin fin de situaciones, algunas difíciles y otras no.

Lo importante es accionar sobre ella, ser responsable de nuestra propia existencia.

Pero también, hay que saber observar alrededor.

Dejar de ser egocéntrico y brindarse unos minutos para observar y es en ese momento, en que empezamos a agradecer.

Agradecer:

Nuestra salud, nuestro entendimiento, nuestros amigos, nuestros amores, nuestra belleza particular, nuestro hogar, nuestra familia, nuestras historias, nuestros dolores, todo.

Pues todo, nos hace quienes somos todo lo que tenemos es mucho, más de lo que creemos, más de lo que tienen otros.

Te lo aseguro.

El gran batacazo

Hacía tan solo unos instantes que había estado sentada allí, Allí, en el punto más alto cuando mi cuerpo había dado contra el suelo. Pfaff, parece que me han dado una paliza

Añoré la destreza de tiempo de antaño y la agilidad que se tiene cuando se es más joven, mi cuerpo serrano, hoy bajando por las escaleras ha caído como cuando cortas un tronco que se desploma y cae pues eso era lo que he parecido yo… un tronco, con mi Nacho sí y lo más cruel es que mi hijo se partía de risa cuando yo apenas me podía levantar… Cerré por un momento los ojos, quizás por la intensidad del dolor de la herida; A mi mente vinieron las imágenes de los días anteriores han transcurrido un tiempo, un tiempo que se ha hecho eterno hasta que por fin.

Tuve que levantarme sin fuerzas, he podido levantarme, me siento magullada y mi amor propio por los suelos.

Allí estaba, de pie, Pero aún así, no podía por menos que contemplar, al malvado de mi hijo que el pobre no tiene culpa como seguía riéndose como de una broma burda se tratara, sin darse cuenta de lo que en realidad estaba pasando, "Mami se ha caído" le dije me hecho pupa. Me dio un besito donde empezaba a manar un hilito de sangre.

Mientras en el coche estaba el resto de la familia esperado para ir a comprar…la cosa no ha ido a más porque nadie le ha dado ninguna importancia, un simple comentario me he caído, a vale y ya está.

Me hubiera gustado que hubiera sido de otra manera pero había otras cosas más importantes que hacer, la única que se preocupa cuando a la familia le pasa algo soy yo ya sea los ñajos como a mi marido, me explico.

Hoy en mi mundo Oigo una voz que dice "mami" quiero agua, después caricias, y besos, más besos. Porque en realidad era solo eso lo que yo quería que me hicieran mimitos. Fue como una caricia interna que todavía me acompaña mientras escribo.

Fue instantáneo.

Mirando el mar de Cadaqués

Este famoso cuadro de Salvador Dalí, siempre me ha gustado, de hecho, tengo una copia en mi casa, Desborda la creatividad de Dalí me encanta la narración de la reflexión, además de lo artístico, una inscripción lingüística de base en la que el espectador actualiza la obra, al tiempo que se actualiza en ella.

Paisajes, reflexiones en el vidrio y una persona. La luz en la parte posterior de la muchacha (Ana María, su hermana) resalta una de las formas preferidas por Dalí. El paisaje visto por la ventana es la bahía de Cadaqués, donde Dalí solía pasar temporadas durante el verano. García Lorca conservó particulares recuerdos de la vista desde esa ventana al despertarse, describió su estancia en Cadaqués, como maravillosa, como un hermoso sueño. Salvador y Ana María eran muy unidos, particularmente a raíz de la muerte de su madre. Ana María fue su única modelo hasta que Gala la sustituyese en 1929. Luego que Ana María en un libro describiera a su hermano de una manera que a éste no le agradó, Dalí creó otra versión de este cuadro con el título "Joven virgen sodomizada por su propia castidad" (1954).

"Seré un genio, y el mundo me admirará. Quizá seré despreciado e incomprendido, pero seré un genio, un gran genio, porque estoy seguro de ello".

Abriste por fin la ventana.
Recibiste el viento en tu cara.
Te dio frío.
Te dio calor.
Escalofríos.
Viste la Luna.
Viste el Sol.
Pero tú estabas de este lado de la ventana.
Pero tú fuiste quien la abrió.
Tú te animaste.
Mujer.
Testaruda.
Tenaz, diría yo.
Te viste sumergida, pero supiste ser campeona de apnea emocional.
Te ves emerger, entre aguas vivas.

Te ves emerger de la inmensidad.

Ahora respiras mejor, ahora no te ahogas, aunque aun sabes te falta llorar más.

Eres todo lo que ya sabes ser, y eso es muy bueno.

En esa ventana de Dalí, ahora estás tú.

Inspirada por Benedetti o por Cohello no importa, inspirada.

Nunca dejaste de ser, solo te dormiste.

Con los abuelos

Hoy me he puesto a pensar, la importancia que se le da a la vida, cuando nos quita cosas decimos que es injusta y nos olvidamos que sin ella no seriamos nada…

Feliz el hombre quien al final de la vida no le queda sino lo que ha dado a los demás.

El refrán popular de "viejos son los trapos", es con lo que suelen responder las personas mayores tratadas como tales. La cultura imperante en este siglo y la mitad del siglo pasado, colaboró en describir a la gente de edad como seres torpes, inferiores, indefensos, incapaces de creatividad o entusiasmo y absolutamente carentes de pasiones. Si el lenguaje dice de nuestros valores y sus significantes, el mejor ejemplo de ello es el diccionario, que considera como sinónimos a "vejez, ancianidad, senectud, senilidad, decrepitud, longevidad, caducidad, chochez, vetustez, ocaso y decadencia". Todo esto responde a una sociedad donde el valor más preciado es la juventud, identificada con fuerza, potencia ilimitada, eficacia e inmediatez.

Ser abuelos no es sinónimo de ser viejos, mis suegros tienen 59 años no son viejos pero tampoco ejercen como tales jajaja estarán esperando a hacerse mayores para conocer a sus nietos. Ser abuelos, no es tener una colección de fotos obsoletas y de vez en cuando quitarles el polvo.

Tener un nieto es una de las experiencias más maravillosas. Debemos recordar que los nietos llegan, tienen diferentes personalidades y habilidades.

s sentimientos están a flor de piel, No siempre se nos enseña a hablar, me refiero enseñarnos la manera de encontrar las palabras que se usan para hablar desde el corazón y explicar lo que sentimos, lo que queremos, lo que nos duele y tanto más.

Creo totalmente en el poder y la necesidad de las palabras y en el entendimiento, en las largas conversaciones que terminan por encontrar o desencontrar finalmente a las personas. Pero que están ahí a nuestro alcance para poder mezclar y moldear a nuestro gusto y todas las veces que sea necesario.

Últimamente he pensado mucho en la vida. No me refiero a la vida desde el punto de vista biológico, sino a la vida como situación, circunstancias de existencia, realidad personal.

La calma y la estabilidad llegan casi siempre a la par con el nacimiento de los nietos.

Con todo mi amor a mis padres

En la vida hay momentos en los que, al voltear la mirada te encuentras de frente con una realidad que no te abandona: tu familia.

Yo soy hija única, por lo tanto, el vínculo que tengo con mis padres es muy estrecho, siempre y digo siempre, estaré agradecida a estas personas que me han dado más que la vida, me han dado "su vida" cuando era pequeña, desviviéndose por mí y ahora que soy mayor desviviéndose por todos nosotros su hija su yerno, sus nietos su familia.

Mi padre trabajando de la mañana a la noche para que no faltase nada en casa y mi madre esa insaciable mujer ocupándose del hogar como hacemos todas las madres y con el yunque de tener ese lastre de tener que dejar un trabajo que a mi madre le gustaba por esas fechas no estaba bien visto que la mujer trabajara.

Así, mientras vas creciendo, aprendiendo y fortaleciendo estos lazos, comparable al hecho de regar, abonar y cuidar una rosa, pierdes miedos absurdos que no te dejan avanzar para conseguir tus metas.

Los problemas, las tristezas, los errores, los tropiezos, siguen estando ahí, como las piedras necesarias para poder avanzar y evolucionar, pero sabes que sea cuál sea el obstáculo, tu familia siempre te apoyará y te ayudará a encontrar una nueva visión para solucionarlo.

Padres, mis padres...mis queridísimos padres es un gran homenaje a su persona y a su gran corazón, que aun estando como están ya mayores siguen estando ahí para cuando yo les necesito, que sigue siendo muy habitual, como cuando yo era una niña.

A estos pedazos de abuelos, a los que adoran sus nietos, estos abuelos reales de carne y hueso, con sus arrugas porque el tiempo no perdona y aun así le dicen mis hijos que son muy guapos son hermosos y dulces y con la edad más.

Yo les hago este homenaje y les digo que les quiero muchísimo y que siempre podéis contar conmigo. Jamás se agotara esta fuente del cariño que tengo por vosotros si volviera a nacer elegiría los mismos padres.
OS QUIERO PAPA Y MAMA

Hasta pronto

Tengo sentimientos que se entremezclan de felicidad y tristeza en el tiempo que ha transcurrido de mi vida, momentos en los que me sentí intensamente feliz y otros en los también sentí intensamente el dolor.

¿Por qué no existirá una fórmula para alargar la felicidad? aunque pienso que la verdadera felicidad está en apreciar y valorar lo que tenemos en este momento y dejar atrás lo que tuvimos y nos hizo unas veces reír y otras llorar, pero fueron lecciones que aprendimos y nunca deberemos olvidar.

Dicen que el dinero da la felicidad, tal vez si al hablar de felicidad nos referimos a lo material, a lo que se compra con dinero, pero yo creo que no es esa la verdadera felicidad, hay cosas que el dinero no compra, el cariño, la amistad verdadera, el Amor, y lo que es más importante la Salud, todo lo demás es pasajero, podremos tener una casa preciosa, coches, comprarnos ropa, calzado, viajar a otras ciudades o países, es verdad, pero ¿realmente eso nos hace felices si no va acompañado de algo más?, la felicidad es otra cosa, sentir que de verdad te quieren a ti por lo que eres y no por lo que tienes, al menos para mí esa sí es la verdadera felicidad.

Un beso para todos me cuesta mucho, cuando ponga estas palabras voy apagar mi ordenador y a despedirme para volver otra vez en una semana dos si soy fuerte lo voy a marcar en el calendario.

Es importante

Hay personas importantes y otras no tan importantes, que cruzan por tu vida y la tocan con amor, otras más que pasan sin cuidado, y continúan.

Existen personas que se alejan y tú suspiras con alivio y cuestionas el porqué?? Tuviste que haber tenido contacto con ellas.

Existen personas que se alejan y tú suspiras con nostalgia y te preguntas por qué tuvieron que alejarse y dejar ese enorme vacío en ti.

Los hijos se alejan de los padres, los amigos se separan, y la vida sigue.

Personas cambian de hogar, personas crecen y viven separadas, piensas en todos aquellos que han pasado por tu memoria, miras a los presentes y te cuestionas.

¿Pero sabes? Yo creo en el Plan de Vida de Dios, él pone y quita personas en nuestra vida, y cada una de ellas deja huella en nosotros.

Descubres que estás hecho de pequeñas piezas de todos aquellos que han pasado por tu vida.

Eres más por ellos, y serías menos si no hubieran tocado tu vida.

Si seguimos juntos, si ya estamos separados o si algún día nos tendremos que separar.

Solo quiero decirte hoy:

GRACIAS POR TOCAR MI VI

Una cajita de cristal

La amistad es una cajita de cristal. Pequeña, transparente, donde guardas allí dentro todos tus pensamientos, ideas, cariño y amor.

Un cristal fino donde te reflejas. Material en el que están hechos tus sueños. Son porciones de tu corazón que intentas que no se rayen nunca.

Un amigo es más que una persona. Algo que no es físico, algo que siempre llevas. Es eso que recoges por el camino y guardas en tu cajita de cristal, cuidadosamente acomodado en su interior de terciopelo. Todo eso en lo que crees, en lo que confías, en lo que sientes.

Eso que más allá del mundo encuentras. Eso que te abraza cuando piensas que no puedes más. Algo que lamentas no ver. Porque el amigo no se ve, no se toca, no se huele. Simplemente lo sientes. Y, aunque se encuentre sentado a tu lado, tú nunca lo ves como la materia física que es. Su esencia oculta entre los pliegues del terciopelo de tu cajita de cristal.

A veces lo miras a los ojos. A veces sientes su presencia.

Sin embargo, el amigo no es la persona que ves. Es la persona que sientes.

Es aquello por lo que darías todo.

El día de los enamorados

Es el día de los enamorados, el famoso 14 de febrero.
No hay país que no lo celebre.
Pero, ¿por qué siempre debe ser para los enamorados?
¿Acaso no es hermoso demostrar nuestro amor a los amigos?
Es bonito saber que eres querido, que tienes alguien que se acuerda de ti.
El día de San Valentín, es el día del amor, es el mejor día para demostrar a nuestros amigos, novios, maridos, mujeres que los queremos, que sentimos algo por ellos, que los recordamos, que aunque estemos en la distancia, siempre estarán y los llevaremos con nosotros.
No le otorguemos el día, tan solo, para los enamorados, hagamos que ese día, sea el día del amor hacia el prójimo.
Qué demostrar nuestro amor no sea obstáculo por creer que el día de San Valentín, es tan solo para los enamorados.

Es el día del amor hoy mañana y siempre.
A los que aman y son amados
A los que son amados y no aman
A los que aman y no son correspondidos
A los que aman por duplicado
A los que aman por multiplicado
A los que no aman, pero no cejan en el empeño
A los que aman sin importarles que no los amen
A los que luchan por el amor
A los que aman con creces
A los que aman lo necesario
A los desamados
A los híper amados
A los viejos amantes
A los florecientes enamorados
A los que tienen ideas equivocas sobre amar
A los que lo entienden
A los que no les importa entenderlo, con tal de tenerlo
A los escépticos
A los crédulos
A los que esperan
A los soñadores

A ustedes, a vosotros, a ti, a mí

FELIZ DÍA DE SAN VALENTIN

Amate

Amate a ti mismo sobre todas las cosas, hay que cuidarse y mimarse, porque si no nos queremos y nos amamos, no nos estamos valorando lo suficiente, tenemos que creer en nosotros, porque si no tenemos fe, ¿Quién va creer?

"Por eso el más inteligente fracasa sino persiste y desde luego no siempre gana el mejor sino el que persiste."

Si me dieran a elegir una virtud escogería la persistencia, la Falta de ella es uno de los mayores factores del fracaso, por ello la mayoría de la gente se rinde al primer obstáculo o inconveniencia. Cuanta gente llega a la vejez sin lograr sus sueños.

Se sienten que han fracasado, ellos miran retrospectivamente su vida y se consuelan con pensar: "Traté, pero todas las puertas se me cerraron." ¡ESO ES MENTIRA!

Acaso se preguntaron ¿qué paso? Simplemente no siguieron y ahora se pasan lamentándose el resto de su vida, son personas amargadas, que se conformaron con ello.

Todos los millonarios, atletas, inventores y en general la gente de éxito, Han sido gente que han tenido la suficiente confianza para llegar hasta donde han llegado, hasta llegar a la cima, lo que buscaban. La perseverancia supera la falta de educación, Talento o capacidad. Así que por más inteligencia que una persona pueda desarrollar, si no tenemos la perseverancia suficiente, la entrega, el ser Humano se rinde y no se llega al éxito. Si no existe la perseverancia no existe nada, eso creo yo, Tu qué dices. No hay dudas que de ti depende el éxito

Aun estás a tiempo para hacerlo realidad, ¿o no?

Olvidando mis miedos

Los hechos en nuestras vidas pasan, es tan importante vivir sin mentiras hay que aprender a perder y a ganar, hay que pasar la hoja, vivir con sólo lo que tenemos en el presente.

No esperar que te devuelvan, no esperar reconocimientos, no esperar que alguna vez se den cuenta de quién eres realmente. Hay que desprenderse, de aquello que ya no tiene sentido que esté vinculado a nosotros.

La única manera de superar nuestros miedos es enfrentándonos, vivir con miedo, es vivir a medias, yo solo me arrepiento de aquellas cosas a las que nunca me atreví a enfrentarme, el resto, forma parte de lo mejor de mi vida.

Es curioso por muy lentamente que os parezca que pasan las horas, os parecerán cortas si pensáis que nunca más han de volver a pasar.

Sólo escucha, quien desea escuchar. Sólo en la profunda encontraremos la belleza de lo complejo. Lo verdaderamente importante escapa a estos sentidos. Sólo el amor permite la evolución

No se puede querer a los demás si no nos queremos a nosotros mismos antes Amar es difícil, pero no es imposible. Si ese sentimiento es traicionado es que no lo merecía y no eran merecedores de nosotros mismos.

Los hechos no dejan de existir aunque se los ignore no se puede esconder la cabeza como la avestruz debajo la arena.

Hay un verso de Eliot que dice:

Dónde está la sabiduría que hemos perdido en conocimiento. Dónde el conocimiento que hemos perdido en conocer

Leer me da calma, me aquieta, me separa, para volver a tener de nuevo la " Ilusión" de unirme al mundo y a mí misma experimentar repentino de sentir mi propia esencia.

Cada mañana, cuando despierto, recuerdo la calma a veces me pregunto si estoy dormida o si estoy soñando.

En lo profundo de nuestro ser existen millones de paisajes sin explorar que esperan ser recorridos por nuestra mirada interior. Nadie vivirá nuestra vida por nosotros, por ello, tú mismo debes dirigirla con autenticidad.

Pasan las horas, los días, los años y ahí estoy detrás crucemos los dedos, necesito ver esto para no pensar, para disipar mis miedos diarios.

Hoy necesito respirar. Necesito respirar, necesito respirar, necesito respirar, necesito respirar.

Lo escribiría mil veces. Un millón. ¡¡NECESITO RESPIRAR!!

Lo necesito ya.

Y me veo como un animal encerrado, girando y dando vueltas sobre mi propia cola. Necesito un poco de paz hoy. Por favor, sólo hoy.

Un acontecimiento histórico

Estoy deseando que pasen unos meses para poder decir: Jo, qué mala racha que pasé allá por febrero, menos mal que ya se ha arreglado todo.

No me apetece profundizar mucho en todo lo que me ha pasado, pero sí que me apetece escribirlo, para que pasados esos meses y finalizada la mala racha lea esto, y lo vea como algo anecdótico.

Continuamos con la semana negra de El Corte Inglés.

Definitivamente, me ha mirado un tuerto, comprobad las veces que he lloriqueado en estos últimos días en éste, mi rincón.

Hasta hace un mes presumía que había podido con ellos. Comentaba orgullosa que no se habían atrevido a asomar la cabeza, que me sentía lo suficientemente fuerte como para no tener que verlos serpentear por mi cara. Pero no. Al parecer, cuando uno frena en seco y deja de lado el ritmo vertiginoso del día a día, aparece el síndrome caja de Pandora: las culebras y los sapos retenidos durante el año tienen ocasión de desparramarse por tu cuerpo y tu mente en forma de veneno y no hay poder que lo evite. Será que mi estado anímico no ha estado a la altura y me he dejado llevar por la inercia de lo febril.

¿Qué es lo que siente, tu corazón al despertar? al ver que una mente piensa, pero te hace llorar, mi alma me pide una cosa y mi cabeza otra, pero me dejo guiar por el corazón porque me apoya.

Y entiende todos y cada uno de mis sentimientos, para evadirme de todo, siento amor por esto, la noche vaga por mis sueños.

Despierta la mágica forma de escribir suave manera de drenar los sentimientos ocultos de una realidad a la que llamo ficticia quizás es lo más real de lo que yo creo imagínate rompiendo cadenas lazos darle una patada a los esquemas a lo socialmente establecido y te rindes al amor sin prejuicios sin lamentos solo eso. Pregunto dónde está tu amor, me diferencia del resto, mis fieles amigos sois, mis fieles acompañantes, junto a un corazón que escribe unido con su eterno amante, al cual se le llama alma, por las noches se desnuda, abandona mi cuerpo para resolver mis dudas, y escribir, escribir en un corazón dormido, que late muy lentamente al ritmo de cada sonido.

Ayer mi Nacho se pasó toda la tarde sin pañales e hizo pis en el váter cada vez que iba y hacia algo aplaudíamos y lo festejábamos, estoy contenta, pues poco a poco va evolucionando, esta es una de las pequeñas cosas, una tarde mágica que para mí tiene muchísimo valor, tengo el resto el resto de mi vida y estoy convencida que no será la última.

No sé si os daréis cuenta para mí es un acontecimiento histórico.

Te quiero mucho Nacho, siempre serás mi bebe.

Tiempo para renacer

Ha comenzado un nuevo ciclo, ya va siendo hora de que le demos la vuelta a la tortilla ha llegado el momento de que renazca como el Ave Fénix y resurja de mis cenizas para emprender el vuelo con más fuerzas y las experiencias aprendidas durante el sufrimiento de las distintas agonías sufridas.

Hay tiempo para RENACER, PERO NO HAY TIEMPO PARA RE—MORIR, ha comenzado un nuevo ciclo y este ave es todavía un polluelo que está empezado a descubrir un mundo nuevo.

Se renace con cada amanecer, pero uno no muere cada noche, uno renace con cada palabra de aliento pero no muere con cada desprecio, uno renace con cada amigo, pero no muere con cada enemigo, uno renace porque renace el alma, porque renace el corazón, porque renace el sentimiento. NADIE HA MUERTO DE AMOR. (Sin embargo habrá quienes sí hayan muerto por amor, por amar).

Morir se muere una sola vez y es para siempre, pero renacer, se hace a cada instante, con cada latido de nuestro corazón, con cada rayo de sol, con cada caricia dada en mi cuerpo por el viento y por la lluvia.

Hoy renazco a la vida, renazco al amor, renazco a la amistad, renazco a DIOS, hoy renazco porque así lo decido, renazco porque cada día es un nuevo comenzar, renazco porque de hoy en adelante me propongo ser una mejor persona, una mejor mujer, una mejor amiga, un mejor reflejo de Dios.

"Confieso que he vivido" decía el poeta Neruda, "Confieso que he sobrevivido" es lo que digo yo en estos momentos.

Stop a la violencia de género

Este Post se lo dedico especialmente a una muy querida amiga, de la cual no revelaré su identidad sólo que vive cerca, únicamente me atrevo a decir que es alguien que visita habitualmente este blog y a la cual muchos de quienes me visitáis conocéis está sufriendo por parte de su ex, que aunque tiene presentada una demanda y querella criminal en su contra y a él le tengan prohibido como medida precautoria el alejamiento de ella y del hogar de ambos, lo ha violado en varias ocasiones causándole lesiones graves, de ahí que tenga miedo y siga soportando como el Sr. Magistrado continúe retrasando su demanda de prisión preventiva, que debería tener lugar a finales de este mes.

¡POR TI Y POR TANTAS OTRAS MUJERES QUE SUFREN DE MALTRATO!

Se ha convertido en la plaga de la sociedad actual.
En cualquier ciudad de cualquier rincón del mundo cada día hay noticias de violencia de género, noticias de víctimas muertas, o que se debaten entre la vida y la muerte.
 Hoy quisiera que nos diéramos cuenta que los malos tratos empiezan con actitudes de menosprecio y mala educación hacia nuestro marido o mujer. Y si no preguntaros ¿es normal que se insulten dos personas que se quieren? ¿Cuántas veces oímos, y casi aceptamos como normal, este tipo de faltas de respeto?
Es frecuente oír y ver en TV insultos del tipo: imbécil, gorda,... escondidos en guiones que, aun sólo queriendo despertar la risa del espectador, da ejemplo de lo que es un matrimonio de hoy en día. Escenas de matrimonios o aquí no hay quien viva son ejemplos de series donde se aprovechan estos malos tratos verbales para conseguir ganar audiencia.
Los malos tratos durante la infancia desembocan en problemas psicosociales, de comportamiento o académicos durante la adolescencia.

Descubrimos nuevas tecnologías, abrimos nuevos caminos en la ciencia y no somos capaces de luchar contra esto.

Cortemos el paso a la violencia, a la violencia de género, a los malos tratos.

Una nota alegre

Estoy contenta, contenta muy contenta de que vosotros mis amigos estáis apoyándome y no me encuentro sola, que mis hijos crezcan con unos valores y aprendan como ser mejor persona respetando los valores, sin discriminar sexo y razas, es muy importante para mí la educación y el saber respetar al prójimo.

Que tengo el mejor marido, amante y confidente, es mi mejor consejero.

Mis padres, se me cae la baba cuando hablo de ellos.

De que mi hijo Nacho poco a poco vaya evolucionando, ayer hablando con la tutora me comentó que Nacho es un niño muy avanzado supera a todos sus compañeros es increíble la gran asimilación que tiene con todo...

De que hoy es un día soleado

Buscando mi camino

Paseando por las calles me he dado cuenta que todo sigue en el mismo sitio, que aunque nuestras vidas cambian hay cosas que siguen igual.

A veces nuestras vidas son novelas atravesadas por la magia, a veces son historias tristes salpicadas de pequeños instantes felices,

Hoy no quiero emprender más vuelos porque me agota aterrizar.

Voy a colgar mis alitas y guardarlas en la misma cajita que guardo mi corazón, continuaré caminando. "Seguir". Últimamente es la palabra que más escucho, creo que hasta mi perra me la dice. Claro que sigo, sigo viviendo, respirando, trabajando, pensando, soñando

Pero con los pies en la tierra. Un reloj que marca las horas, un calendario que muestra los días que van pasando que van viniendo que van quedando, una ilusión, una sensación rara por mi cuerpo, Hoy he decido vestirme de sonrisas, me he maquillado de deseos, he desayunado ilusiones con batido de bellos recuerdos.

Hoy transpiro energía, vomito el pasado, estornudo suspiros y deseos caminando al mañana.

Hoy canto canciones, barro miedos, respiro ganas, bostezo esperanzas. Hoy soy yo la que cuenta.

Hoy el viento me llega como un acordeón que entona sus notas, ese aire me llena dejando su frescor en mi piel, cierro los ojos y sueño.

Desde mi interior os dejo esto poco, esta mañana de domingo.

Un salto en el tiempo

Cuando comencé a escribir en my blog, lo hice por necesidad y costumbre tenía el hábito de escribir mis reflexiones, pero eran sólo para mí, luego surgió la necesidad de saber que pensaban lo demás al respecto.

Pasadas unas semanas me sorprendí enormemente al ver que mi blog estaba entre los 100

A veces es posible advertir ciertos asuntos, actos, características que suelen ser repetitivas en nuestras vidas.

Temas, anécdotas, conductas, hábitos, que con el tiempo, sin considerar que se transforman en monótonas

Por evitar dañar a inocentes, suele suceder que callamos lo que llevamos dentro. Muchos en nuestro entorno de alguna manera se sienten responsables de nuestra felicidad, principalmente cuando el amor es de verdad, ese que nace sin condiciones.

Estoy prácticamente convencida que necesito vacaciones. Siento que mi grado de intolerancia está rebasando hasta mis propios límites, hay momentos que ni yo me tolero.

Me siento cansada y sin deseo de justificar mi entorno

Al menos tengo la certeza de que esto pasara, en los ojos de mis niños espero encontrar paz, aún no se han contaminado con los males de la humanidad.

Y aquí continúo luchando entre mares revueltos, repletos de tiburones hambrientos deseosos de carne fresca.

Cuantas promesas hemos tomado para cargar en el carro en nuestras vidas, y como el polvo bajo los muebles, se han ido acumulando, y con el incansable afán de olvidarlo, más lo recordamos

Sin tener la certeza de lo que acontecerá en los días venideros, quiero dejar un presente a quienes me soléis visitar, ya sea por costumbre o por casualidad

Entre la nostalgia, con relatos de la juventud y los anhelos de la madurez; entre la tristeza por aquellas perdidas, por el adiós, por la injusticia.

Dedico mis palabras a todos aquellos que alguna vez llame amigo, los cuales deje en el camino, a aquellos que no devolví llamadas, a aquellos que deje de visitar, y solo me excuso confesándoles que no son parte de mi olvido.

Desde mi Corazón

Tengo mis sentimientos revueltos, porque mis pensamientos también lo están. A estas alturas de mi vida, ya se está volviendo costumbre, la semana pasada intente escribir en dos oportunidades un Post, en la primera no se grabó, y en la segunda no logre terminar, cuando surgieron cosas que hacer "Las cosas solo son cuando deben ser" ese fue mi consuelo.

Necesito tiempo para mí, añoro el poder escribir y leer a mis amigos y leer los otros blogs que siempre me dejan pensando alguna cosilla.

Necesito liberar ideas, pensamientos, deseos, sueños, inquietudes, alguien con quien hablar de absolutamente todo, sin dejar paréntesis, silencios.

No sé si pase mala noche, o si es porque necesito vacaciones, pero el día se me ha presentado con una carga en los hombros, que solo me provocan deseos de mandar todo a la m————

Tenía como ley que todos somos buenos, a veces lo exteriorizamos con actos, pero en otras oportunidades solo lo llevamos dentro, y es lo que nos impide hacer y desear el mal del otro La Verdad que todo esmero es vano tras la cortina de humo no existe nada que yo pueda pude imaginar, todo pasa a ser no más que hipótesis, conjeturas basadas en mi imaginación, en mis sentimientos y en lo que soy, pero es la otra realidad, por lo que los hechos, los actos nos pertenecen.

Puedes perder dinero, puedes perder oportunidades, pero no debes perder el tiempo.

La vida son instantes

Cuando logras "detener" el tiempo y sumergirte en la Ola de La Vida Divina, puedes ser cualquier cosa, es maravilloso Entonces la eternidad se muestra, se descubre y comprendes que estuvo allí contigo

He esperado solo la mañana y no me decepcionó esta vez he aprendido a crear instantes mágicos, Instantes retenidos en la pasión de una caricia.

He comprendiendo que he sido océano, gota de agua, y las dos cosas me enseñaron a crecer, he dicho unas pocas palabras. Ayuda a entender que lo complejo es más fácil si se muestra sin miedo y dejamos de esforzarnos en intentarlo esconder.

Todos coleccionamos instantes. Algunos guardados en el corazón se rememoran cuando la persona con la que compartimos ese intervalo de nuestra existencia a través de instantes entrelazados, que van configurando el hoy y el mañana. Por eso vivo, para existir, por eso existo, para vivir

Otros se encuentran perdidos en la memoria, experiencias que hemos vivido, mejor o peor instantes poco gratos, errores del pasado que desearíamos olvidar que nos sirve como maestra de la vida. Esos pequeños instantes, sin embargo, importantes para nosotros pues al final junto formaron esa historia única e irrepetible a la que llamamos vida.

En instantes el mundo desaparecerá porque las personas no quieren vivir aquí las personas quieren vivir allá he disfrutado de momentos maravillosos pero lo que pretendo no hacer es reducir mi vida a esos momentos

En un mundo sin problemas y sin fronteras esto ocurre porque las personas no luchan ni logran romper fronteras

No sabemos luchar por lo que queremos

"La vida no es más que instantes acumulados en tus recuerdos"

Recuerdo aquella noche que pasamos juntos, reviviste en mi memoria esos instantes, de felicidad y fueron el resultado de aquel momento, que duró el tiempo que quisimos disfrutar.

Ese espacio que vivimos ha guardado una esencia de inmensa felicidad en mi mente, porque fueron marcados por el tiempo de un renacer conquistado en su hermosa escena.

Fue algo incipiente pero que trajo a nuestras vidas, un disfrute y una entrega jamás vivida.

 Y aquí estoy ahora, no sé exactamente dónde a la vez estamos conectados entre nosotros.

No estoy sola, en la distancia para seguir caminando. Hoy fugaces pero reales—, de Eternidad sin tiempo, quiero detener el momento, aprisionarlo en estas letras, consagrarlo a la nostalgia para el día en que esos mismos sueños te hayan llevado lejos de aquí.

Yo esperaré mientras aprendiendo a volar, viendo en el horizonte tus alas blancas desplegarse y cómo regresas al amanecer bajo una hermosa cúpula, y aún así iré delante de ti.

La fabrica de los sueños

La posibilidad de realizar un sueño es lo que hace que la vida sea interesante. Paulo Coelho.

Cuando he leído esta frase me ha causado un gran impacto, ha cambiado el concepto de mi vida, de repente, los sueños no son algo inalcanzable, sino algo que daba sentido a nuestra vida, que nos marca un camino.

Sueños grandes, sueños pequeños, todos tenemos sueños y quien diga lo contrario que tire la primera piedra.

Pues soñar con algo es hacer un castillo de naipes, primero lo creamos después hay que comenzar a formar los cimientos, un mundo de posibilidades por descubrir.

Disfrutar de los pequeños momentos que aunque no sean muchos te ayudan llevar el día a día.

Un baño de suave perfume.

Compartir los momentos especiales con los seres que nos rodean. Y es de ahí de donde nace este proyecto llamado La Fábrica de Sueños,

Que nadie os mate los sueños, son lo más bonito y necesario de vuestro ser. Haz de tu vida un sueño y de tu sueño una realidad.

Cuando nuestros sueños se han cumplido es cuando comprendemos la riqueza de nuestra imaginación y la pobreza de la realidad.

Cosas de mi vida

Hoy quiero compartir con todos un gran día no te lo pierdas, Llénate los bolsillos de sonrisa y generosidad, buenos pensamientos, llénate de coraje respira profundamente, toma aire, llénate de energía positiva, nosotros somos los protagonistas de nuestra propia existencia.

Gente que me enseña todos los días algo nuevo que nuestro corazón permanece joven, por encima de los muchos o pocos, que llenan de detalles de anécdotas no dejes que termine el día, sin haber sido feliz, sin haber aumentado tus sueños con una sonrisa es una forma muy barata de mejorar la presencia.

Somos seres llenos de pasión, nadie vive metas con un solo intento, ni alcanza la altura con un solo vuelo La vida es un desierto con algún oasis pero el camino es difícil nos derriba, nos lastima, nos enseña, sólo somos en la sociedad lo que nos quieren hacer, los que viven encadenados al pasado suelen estar también intimidados por el futuro.

Otros viven condicionados por el futuro, porque aplazan todo lo que les cuesta, sin atreverse a plantarle cara, por eso retrasan las decisiones no se atreven a ir directos no se sienten con ánimos y enseguida lo dejan para otro momento, que muchas veces no llega.

No te dejes vencer por el desaliento. Que nadie te quite el derecho a expresarte, que sea casi un deber. No abandones las ansias de hacer de tu vida algo extraordinario.

A veces, es mejor dejar que algo se vaya y comenzar de nuevo, Permanece tranquilo en tu interior deja que esa paz y esa alegría interior irradien a través de un semblante sereno.

Los instantes perdidos son irrecuperables.

Es preciso hacer hoy lo que tenemos que hacer, no dejes para mañana lo que puedas hacer hoy, trata de ser feliz y hacer felices a los demás.

El día más Hermoso ¡¡Es Hoy!!

De tanto andar y amar nacen los libros (P. Neruda)
Todas las batallas de la vida, sirven para enseñarnos, inclusive aquellas que perdemos. (Paulo Coelho)
Hoy el día se mostró hermoso y con un sol reluciente para compartir con todos y haceros partícipe de la emoción y sorpresa al recibir algo tan bonito y con tanto cariño, como es vuestra amistad, en lo profundo de ti mismo sólo existen Voluntades, Amor y Sabiduría. No existe un día más hermoso que el día de hoy.

El ayer, forma parte de mi pasado, recuerdos alegres, tristes, mucha vida en fotografía, ahora son pedazo de cartulinas donde soy pequeña, voy creciendo, mis padres recién casados, mi columpio cuantas risas en el viejo columpio del patio la ciudad parece otra, las calles con sus edificios.

Pero no puedo estancarme en el pasado, yo prefiero el día de hoy hay que pisar con fuerza con su ¡¡presente!!

No se puede modificar, ni planificar demasiado el día de mañana todavía no ha llegado.

Olvida el ayer y deja el mañana para su momento, olvida tus errores pero recuerda la experiencia, y si haz de recordar,

Recuerda sólo cosas buenas que iluminen este día, porque es necio llevar a cuestas hoy, la carga del ayer.

Vive plenamente este día, porque el hoy es el más hermoso don que tienes, porque la vida es un Eterno Presente, y haz de cada día, una oración a la Vida, al Amor, a la Alegría.

Aprendiendo a ser libres

Cuántas veces hemos querido sentirnos así.LIBRES
Libres de movimiento, libres para expresarnos, libres para ser uno mismo.
Pero nuestra libertad cuesta.
Sí, cuesta.
Cuesta hacerse y darse a conocer, cuesta abrir camino, cuesta ser uno mismo, porque siempre habrá gente que te quite de ser tú.
Pero también tenemos el don de la palabra, de la expresión.
Si uno, nos lo quita, tenemos la capacidad de volver a retomar lo perdido, lo sustraído y volver a tener lo que antes era nuestro.
En la historia muchos luchadores, luchadores de sus ideales, sus creencias, han sido truncados en sus deseos de mostrar la verdad, de mostrar que no solo hay un color
Hay una hermosa gama de colores
Y al cual más bonito.
Pero para mostrar y enseñar, a veces hay que perder, nos quitan nuestro espacio, nos quitan nuestros gustos, nuestras ideas, pero nunca

Nuestra esencia

Para luchar a veces hay que perder.
No hay batallas perdidas, hay caminos ganados.
¿Cuántos luchadores por la libertad han sido mermados en su intento?
¿Cuántos han sido rechazados, llamados locos, por exponer sus ideas contra una sociedad cerrada?
Pero para poder ser lo que fueron, han luchado, han demostrado su sitio, han dicho.
"Yo soy ese y siempre seré ese hasta que me muera"
Nos pueden juzgar, rechazar, privar y hasta decir cómo debemos actuar.
Pero, cada uno de nosotros tenemos la capacidad de decir.
¡Basta!
Y reaccionar ante una injusticia.
¿Por qué ser como ellos quieren?
¿Por qué claudicar y ser clones?
NO
Nadie debe ser un clon de nadie, cada uno debe ser uno mismo porque eso es lo que nos enriquece.
Sé que en estos espacios, my blog una pequeña parte nuestra, han sido cerrados.
Porque uno debe ser eso, uno mismo.
Pese a los obstáculos, se debe seguir adelante.
Solo perdemos una batalla, cuando dejamos de luchar.
No hay batallas perdidas, hay caminos ganados
Millones de besos Y Ser siempre Vosotros mismos

Dos horas antes

Hay días que no parecen días, sí no manchas en el calendario de la vida y yo hoy tuve uno de esos días graciosillos ellos... Sonó el despertador como siempre con el ruido tan particular las noticias de la radio...Mara mi perra me miró como diciendo ¿Dónde va esta?

Me levante dispuesta a ejecutar el guión aprendido de memoria...el caso que me parecía un día muy oscuro, hacía mucho frío.

Comienzo a preparar los desayunos de los ñajos, bajo a la Mara que no tenía ni pizquita de ganas de moverse de su cojín, me aseo, voy por los trastos, leche, Cola cao, galletas y pan de molde..., bueno parece que no falta nada ahora voy a despertar a mi Nacho que es el primero que llamo, cuando miro el reloj que tengo en el salón ¡¡¡COÑOOOOOOOOOOOOOOO!!!!!

No puede ser, vuelvo a mirar ¡¡¡¡¡JODERRRRRRRRR!!!! PERO SIN SON LAS!!!!

Dos horas antes, me he levantado dos horas antes de tiempo y ¿Adónde voy yo dos horas antes? Media vuelta y para la cama, ahora entiendo la cara de mi Mara.

Naturalmente ni que decir tiene que cuando te pasa esto, ya no puedes volver a dormirte.

Así que te tumbas en la cama con cara de idiota esperando que sea de verdad la hora de levantarte Y COMO JODE.

Y a la dichosa hora, vuelvo a recorrer lo recorrido. (Quien dice que yo no hago ejercicio).

Haber como se explica, me levanto dos horas antes pero llevo 20 minutos de retraso...no encuentro el abrigo ni los zapatos de mis ñajos Miguel el terrible anoche se encargó de esconderlo todo, para relajarme decido tomarme otro Cola cao y en lugar de eso me echo la papilla de mi hijo Miguel. QUE NO ERAAAAAAA.

Mientras escribo, se agolpan y enredan pensamientos sin forma, se agitan y estremecen deseosos de partir. Hoy mejor me escondo.

—No toi.
— No he venido.
—Sigo durmiendo.
—¡NO MOLESTEN!

Página en blanco

Cada nuevo día es como una página en blanco en el diario de tu vida. Tienes el lápiz en la mano, pero no todas las líneas se escribirán como tú deseas, algunas derivarán del mundo y de las circunstancias que te rodean.

Porque hoy respiro, pienso, oigo veo, sufro, huelo, lloro, trabajo, toco, río, amo.

Aprendemos a volar como pájaros y a nadar como peces, pero no aprendemos a convivir como hermanos, La bondad será recompensada las sonrisas te serán devueltas. ¡¡¡Diviértete!!!

Encuentra en ti la fortaleza. Ten sinceridad, ten fe, No te concentres en lo que te falta.

Date cuenta de que en la vida, las personas son los tesoros y la dicha es la verdadera riqueza.

Lleva un diario que describa como va tu vida lo mejor y lo peor de esta, vida maravillosa.

Hay tristezas que son como las cascadas de los ríos, se deslizan suaves y bajan por tu vida sin detenerse ante los obstáculos para luego desembocar en las playas de tu futura alegría.

En muchas ocasiones estamos asustados, asustados de lo que tal vez no podemos hacer; asustados de lo que pensará la gente. Permitimos que nuestros miedos se interpongan en nuestros sueños. Decimos no, cuando queremos decir sí. Murmuramos cuando queremos gritar. Después gritamos, a quien no teníamos que hacerlo: ¿por qué? Después de todo, cruzamos por esta vida una sola vez, no hay tiempo para tener miedo Así que intenta aquello que no has hecho, arriésgate, participa en el maratón, escribe aquella carta, enfréntate como ganador a las cosas cotidianas.

El tiempo no regresa

No tienes nada que perder, y todo ¡Todo que ganar!

Todas las personas pueden librar un combate en un sólo día. Es cuando tú y yo añadimos el peso de estas dos eternidades terribles, "Ayer y Mañana". No son las pruebas del día las que vencen o enloquecen al hombre, es el remordimiento o el rencor que nos ha dejado ayer y el temor de lo que nos puede traer mañana.

Hoy el día se presenta ante mí, esperando a que yo le dé forma y aquí estoy, el escultor que tiene que darle forma. Lo que suceda hoy depende de mí, yo debo escoger qué tipo de día voy a tener.

Que Tengáis un gran día, a menos que Tengáis otros planes.

A través del espejo

La vida es un aprendizaje constante, Cojamos nuestros cuadernos, anotemos nuevas tareas en la hoja fechada a día de hoy y las anteriores páginas, pintadas, re leídas, Sal del espejo, avanza por la vida, y cuando hayas aprendido lo suficiente, será cuando puedas volver a tu mundo sin miedo a quedar atrapada para la eternidad en el otro lado".

A través del espejo sólo importa lo que realmente importa, sólo soy lo que realmente soy y lo que realmente quiero ser, miro lo que hago, lo que soy, lo que quiero llegar a ser, mis sueños, mis miedos, El río en el que nadie se baña dos veces, según Heráclito, está formado por todos los espejos en los que uno se ha mirado a lo largo de la vida.

Uno va envejeciendo en los sucesivos espejos como si se reflejara en el río de la vida que nos atraviesa. Pese a todo existe un primer espejo que guarda tu imagen de niño ante el que tu madre te lava la cara con mucho cariño. Ése es el que te amará siempre y te será fiel hasta la muerte.

Espejito, espejito, dime quién es la más hermosa.

Caminando por la calle, hace un par de días, me estaba mirando en el reflejo de la ventana de un auto ¿quién no hace eso? y se me ocurrió pensar qué haríamos si no existieran los reflejos, si tuviéramos la misma vida moderna pero sin espejos.

Tengamos como meta la calidad de vida de los que soñamos están detrás del espejo, imitemos la bondad que ellos poseen. Pero, por favor, para lograrlo no intentemos atravesar ese vidrio.

Es el espejo tan solo un reflejo de lo que somos pero es detrás del mismo donde se encuentra lo que queremos ser lo que deseamos tener, lo que ansiamos formar sólo necesitamos un corazón de niño y el saber mirar a través del espejo.

Deja que te hable de mis sueños

Que tras el tiempo se escondieron
Pero que contigo han vuelto.
Deja que te hable de mis sueños
Que con el tiempo se perdieron
Confundidos en el silencio
Sueño con los ojos abiertos
Puede que me creas que estoy loco
Porque me creo los sueños. (Jarabe de palo)

Los sueños nos hacen recordar, nos extrae cosas que ya la habíamos olvidado, sentimientos que siempre lo hemos tenido pero estaban dormidos, recuerdos que con el paso del tiempo los dejamos en una esquinita de nuestro cerebro y un día, sin más, nos llama diciendo. ¡Estoy aquí! ¡¿No me ves?!

Hay sueños, metas para alcanzar, hay sueños, ilusiones para vivir, hay sueños inalcanzables, castillos en el aire que el ser humano suele tener.

Los castillos en el aire, esos son con los que hay que librar esa batalla. Una batalla que surge cuando caes y te das cuenta que no era real, era un sueño inalcanzable.

Ahí es cuando empiezas a vivir tu realidad.

Es la lucha por ver lo que tienes, lo que posees y lo que debes aceptar. Tú la elegiste y nadie te obligó a ello, pero por un motivo, una pequeña chispa un querer vivir, tienes un sueño y sin darte cuenta te adentras en él, viviendo día a día ese sueño haciéndolo real, creyendo lo que piensas, dices, haces, sin pensar que en realidad es solo un sueño.

Los sueños son buenos, siempre hay que soñar, querer llegar a esa meta, desear lograr tus sueños, es necesario, pero no soñar una realidad inexistente.

Aferrarse a los sueños, desear llegar a esa meta, ese es el mejor sueño real que podamos tener y cuando lo logremos sentirnos satisfechos de nuestros logros.

Reconocer siempre vuestros sueños, sean reales o no, pero reconocerlos y así hallaréis el camino acertado en vosotros mismos.

Avanzar siempre hacia adelante y nunca retrocedáis porque eso os hará grandes y reconocer vuestros errores porque esos sueños se harán realidad en vosotros mismos y seréis más grandes como personas.

Despertar de ese letargo y ser felices con lo que tengáis, porque la vida es un sueño, un sueño real con sus más y sus menos, sus desgracias, felicidades, ansias, deseos, pero es un sueño real, donde cada día nos levantamos y hacemos realidad nuestras vivencias y el mañana serán nuestros sueños para realizar.

Haced realidad los sueños día a día, No dejes de sonreír incluso si estás triste Porque no sabes quién podría enamorarse de tu sonrisa.

Un minuto de tu existencia

He llevado una vida llena de obstáculos, he vivido una vida llena de esperanza y de juventud en la que la inocencia y la pobre experiencia, hicieron que muchas de las veces me dejara llevar por personas que se acercaban con la excusa de ser amigos personas dispuestas a echarme una mano "al cuello"

Experiencias muy difíciles de sobrellevar y soportar pero gracias a Dios yo he logrado sobrevivir a todo eso y esta mi historia.

Avanzas por la senda de la mano, no te adelantes ni vayas por detrás, deja que las cosas sigan su curso, no las llames o las detengas, sólo espéralas en armonía y acéptalas tal como vienen.

Disfruta de la vida, ya que a veces pasa inadvertida, y no damos valor a esa que en ocasiones nos da oportunidades, nos obsequia con momentos alegres imperecederos, amistades sinceras, amores altruistas, y tantas cosas inapreciables, infravaloradas, a las que omitimos su momento, su minuto de gloria en nuestra existencia.

Vivamos, aprendiendo a vivir, deja volar el pensamiento entre paraísos de la imaginación.

Aunque no escribas libros eres el escritor de tu vida, aunque cantes desafinado tu existencia puede ser una hermosa canción.

Duerme la tinta en el tintero, descansa espera su momento. Así como el poeta que escribe sus versos de amor, descansando en cada línea de ellos.

Te invito a que conozcas lo desconocido. A que no tengas temor de ir a mirar lo que quieres, de vez en cuando es buen parar y pensar. Vale la pena, Mirar nuestro mundo construir palabras

La felicidad no es un camino, son mil cosas pequeñas, solamente envuélvete en ella y ama, eso sí, nunca dejes de amar, porque entonces habrás perdido lo más valioso de tu existencia ama a los demás, sé honesto contigo mismo y serás feliz. y el sentido de tu felicidad será completa.

¡¡¡ Conquístala ¡¡¡

Después de un tiempo

Sabes de vez en cuando me pregunto ¿Cómo he de renacer de nuevo? mi mente no me responde, mi corazón se queda callado, mi alma se inunda de incertidumbre pero el impulso me alienta y me sostiene sin dejarme caer tengo muchas cosas que lograr le pregunto ¿Hacia dónde voy? hacía donde yo quiera ir. Como quisiera que mis palabras fueran mágicas y que al pronunciarlas fueran como un conjuro que obrara maravillas.

Hay muchas cosas que quiero en la vida, hay muchas metas que aún me quedan por cumplir, hay días especiales en los que me pregunto a mí misma si yo no estoy hecha para este mundo a veces me pregunto si soy yo la que no comprende el sentido de las cosas, pues... seguramente estaré pensando: si es que el mundo no está hecho para mí.

Estoy aplazando esas otras cosas importantes, me tengo que sentar a escribir. Por esto aseguro que la distancia no es ni será nunca el olvido, sino en el alma misma de quienes escribimos un sentimiento.

Pero preguntarse también es una forma de crear... No quiero justificarme lo único que me da la felicidad se esconde detrás de una buena conversación con alguien a quien estimes, con un café, o una buena comida, esas pequeñeces

Te invito a que eches raíces, acepta la dificultad de edificarte a ti mismo y el valor de empezar corrigiéndote. Ninguno es tan terrible para claudicar, no te amargues de tu propio fracaso justificándote como un niño.

Cualquier momento es bueno para comenzar, Hoy sacaré mi nave espacial y haré el viaje de vuelta con todo recopilado guardaré muy buen recuerdo, nosotros somos quien somos transformándonos crecemos al iniciar el camino de los audaces, de los fuertes, mírate en el espejo de ti mismo y serás libre y fuerte y dejarás de ser un títere de las circunstancias porque tú mismo eres tu destino.

Por eso debes estar en paz, cualquiera que sea tu idea cualesquiera tus trabajos y aspiraciones, conserva la paz con tu alma en la bulliciosa confusión de la vida, que no sea por no haberlo intentado.

Un buscador es alguien que busca, no necesariamente alguien que encuentra.

Tampoco es alguien que necesariamente sabe qué es lo que está buscando, es simplemente alguien para quien su vida es una búsqueda.

A Contratiempo

Hoy ha sido uno de esos días para olvidar, el cuerpo toma vida propia y sin darme cuenta me encuentro realizando labores que ni siquiera había sido consciente, lo mejor que puedo hacer es pasar página El subconsciente cobra vida propia y trata de vengarse de aquellos que ponen en peligro mi salud mental. Entre lo real y lo delirante hace apariciones intermitentes mi queridísima amiga.
ANDY MCDOWELL "ATRAPADO EN EL TIEMPO"
Con mi gran amiga la marmota, sí la sombra se refleja quiere decir que el invierno es largo y si no que será corto es por eso por lo que por ella no pasan los años, porque siempre revive el protagonista el mismo día.

Llevo toda mi vida doblando esquinas, me ocurre lo mismo con mi sombra después de buscarla durante años la encontré estaba sucia y desgarrada pues habíamos vagabundeado por lugares inmundos y llenos de envidia. La lavé en agua de sonrisas con aroma a azahar. Usé dedal de agua cristalina para mirar a través de mi vida hacia mi pasado; hilo de caridad para recordar cuáles eran mis ilusiones cuando era niña; y aguja de buenas esperanzas, para reconstruir el puzle del futuro que un día imaginé. Pero todo fue inútil, porque mi sombra nunca ha vuelto a ser la de antes... Ahora sobrevivo con mi sombra rota y recosida con retales de amor humano que otras almas me han ido ofreciendo. Pero cuando estás desalmada el invierno es más frío.

Te miras al espejo y te entran ganas de volver a la cama, pero decides ordenar tus cosas, papeles, ropa, neceser.

Todo está hecho un desastre como puede ser que no haya nada en su sitio, no puedes encontrar nada cuando buscas algo.

En el estuche el maquillaje se ha abierto el maquillaje la máscara de pestañas y el fondo de la bolsa es una mezcla con todos los potingues porque eso es lo que son ahora "POTINGUES". Te gustaba mirar tu neceser lleno de pinturas nuevas, pero tus ñajos han descubierto una nueva forma de juego "disfrazarse de mama" la estabilidad envuelta en paciencia y cordura te ha durado poco. Te ha dado por ordenar, lo tuyo y lo de los demás. Limpiar, desinfectar, airear. Necesito descargar mis emociones, interna y externa. Te duchas, te lavas el pelo, lavas tu pijama, te pones ropa limpia, cambias las sábanas de tu cama, abres las ventanas para que entre la brisa que lo purifica todo das gracias a la luz solar gracias amigo "SOL" que inunda mi cuarto sombrío.

Ahora me da por cocinar, bueno en realidad calentar en el microondas los restos de ayer de la comida.

Espero que suene el clic y mientras me siento en el escritorio enfrente de ordenador, para leer los comentarios de todos vosotros de mis queridos amigos.

Dos nuevos comentarios, nuevos mundos por explorar, pongo música de Enya me encanta me traslada a otro mundo suena Amarantine relajación total estasis, estoy en el cielo he conseguido llegar a la felicidad.

Bailas como una posesa, como si cada movimiento tuyo decidiera las mareas de la Tierra, los terremotos y las erupciones volcánicas.

Te mueves en la cocina como un duende creando recetas mágicas. Cocinando un nuevo "yo" como un soufflé. Y entonces te acuerdas de tu maestra y mentora: la señorita Mary Poppins y de los sueños extravagantes del detective Colombo y empiezas a ver bebés y enanos que danzan contigo al ritmo de Barry White. Y compruebas que ha nacido una nueva "yo" capaz de reinventarme de volver a encontrarme dispuesta a seguir…. dando guerra después de una noche de resaca.

La varicela de José

Hayyyyyy mi ñajooooo!!!Que vamos a tener que estar unas semanitas hablando por teléfono con los abuelos solamente, lo llevamos pero que muy mal, eso que no ha llegado el sábado, no voy a poder ver a los abuelos me dice mi niño, mi niño tiene la varicela snif y yo como soy muy chica pues no la he pasado, así que estamos, que no me lo puedo creer.

Ponte buen pronto, que quiero que estés correteando por ahí y no estés malito.

Ganarse un lugar

Que nos lleva a vivir con tanta pasión si no podemos definir cuan largas serán nuestras vidas, a medida que pasa el tiempo me doy cuenta que la vida es el mejor maestro y adquirimos nuevas experiencias, nuestras experiencias, cuando las cosas van mal, son malas experiencias pero no por ello dejamos de aprender vamos de la mano de nuestros ideales, pero cuando más profundizamos es cuando las cosas van mal, en esos momentos nos gustaría desaparecer, esfumarnos de nuestro alrededor, ¡clamamos al cielo! ¡¡¡Tierra trágame!!! Entonces es cuando salen a flote nuestros propios fantasmas.

"Que nos motiva a buscar cosas desconocidas" llevar los sueños de lo distante a lo posible cuando aún no sabemos que contienen los momentos por venir, los sueños no salen como nosotros queríamos, es en ese momento cuando nos preguntamos cual grande del universo y la pequeñez del ser humano porque las cosas, hay que tomarlas tal como vienen.

Sin embargo, cuando las cosas van bien, nos volvemos egocéntricos y vivimos de un modo mucho más superficial.

Pero la felicidad que anhelo no se encuentra en las grandes riquezas que nos tornan oscuros con el tiempo, nos encerramos en nuestra propia burbuja, flotando en un mundo imaginario, subiendo, subiendo y sin darnos cuenta que contra más se sube el batacazo de la caída es más fuerte.

Sin tener en cuenta lo difícil que es llegar a la cima luego el mantenerse es mucho más trabajoso llegas cansado, exhausto lo fácil es caerse de ella, nos rodeamos de unos amigos superficiales egoístas que solo están ahí por el interés y cuando las cosas van mal son los primeros en desaparecer en dejarnos en la estacada, en la más absoluta soledad.

por eso es preciso que tengamos unos minutos al día para reflexionar, meditar, orar, leer y aprender, hacernos un poco más personas, más humildes pues lo más importante es mantener el equilibrio, saber dónde estamos realmente y valorar lo que tenemos, solo así podremos mantener el estado de la felicidad y la armonía.

Nunca olvides que solo nosotros tenemos la llave que abre la puerta a la felicidad.

Los caminos fáciles nos seducen con sus rectas sin curvas y nos conducen a destinos inciertos, la vida es como una gota de agua que se desvanece a través del viento el tiempo se desvanece en los días que transcurren entre amaneceres y noches, nosotros nos perdemos en la búsqueda de la verdadera felicidad, porque siempre tendremos una razón para vivir y una razón para soñar

Un soñador es alguien que solo encuentra su camino a la luz de la luna, y su castigo es que ve el amanecer antes que el resto del mundo.

Oscar Wilde

¡¡¡¡MUCHAS GRACIAS A TODOS POR TAN BELLOS REGALOS!!!!!

VUESTRA AMISTAD

Vive para ser feliz

La persona feliz es consciente de que también el dolor forma parte de la vida. Soy una persona espiritualmente equilibrada, trato de que todos los días sean maravillosos.

Mi lema en la vida es:

Vive, deja vivir y cuando puedas ayuda a vivir, me considero una persona sensible, cada día queremos saber más, mejorar necesitas valorarte para valorar, quererte para querer, respetarte para respetar, y aceptarte para aceptar, ya que nadie da lo que no tiene dentro de sí, cuando estás bien contigo mismo puedes estar bien con los demás ¿a quién le gusta la gente fría, agria, antipática y dura?

Cada persona que conoces y con quien te relacionas, trae consigo una lección importante para ti, no somos jueces, ni supervisores, ni fiscales de la vida de los demás aprovechemos lo bueno de cada quien y procuramos evitar lo negativo, la simpatía te hace atractivo y aceptable, mira siempre la cara luminosa de la vida espera que suceda lo mejor, tú eres tu propio dueño, evita crear resentimientos serás la primera víctima de estas actitudes, no intentes forzar a que se hagan las cosas a disgusto, nada bueno lograrás.

é tú mismo porque solo así serás muy feliz. Pero no olvides que siempre tienes que considerar las opiniones que te den las personas que amas o valores porque solo ellos te podrán aconsejar por un buen futuro tuyo, pero no dejes que te manejen. Solo tú tienes el poder, solo tú decides lo que será de ti. No me gusta manipular ni ser manipulada. Pienso que el principal valor mundial es el amor.

Estás aquí para crear paz, armonía, belleza y perfección, todo lo mejor de la vida, así que, anda y haz algo al respecto.

El tiempo perdido

El tiempo implacable no perdona ni un segundo no valen técnicas, ni métodos ni dietas especiales, el tiempo se ríe impasible pues sabe perfectamente que es el dueño y que en la vida no hay tiempos muertos para reflexionar. Un día perdido es un día irrecuperable, sin aprender, sin leer, escribir, pero sobre todo es un día sin amar.

El tiempo mide todas las cosas que pasan, pero no les pasa a todo lo mismo, un día más es también un día menos, a veces no pasa nada.

Pasamos la vida buscando el tiempo perdido, no le busques sentido a algo que no lo tiene.

"El pasado ya no es, el futuro aún no es y el presente casi no es" Si no tienes un destino nunca te perderás y sobre todo, disfrutarás del viaje a cada paso que des.

El tiempo es así de tenue, sutil y etéreo. el, el tiempo es así de destructor, tránsfuga e insaciable, por el tiempo se ha llorado, por el hemos suspirado y nos hemos transformado.

Marcel Proust nos habla de buscar el tiempo perdido. El error es pensar que hay tiempo perdido, el acierto no recuperarlo sino crear un tiempo nuevo de gente nueva, tiempo de amanecer.

Acaso se pierde lo que no existe, el tiempo hace ordenar las cosas, lo torcido se endereza, la ofensa se borra, lo suspicaz se vuelve seguro, lo sucio se limpia, las heridas cicatrizan.

Los paraísos que hemos perdido solo están en nuestra memoria en nosotros mismos, es un error pensar que hay tiempo perdido, que no sea hoy un día perdido.

Todavía estamos a tiempo de sonreír el acierto es crear un tiempo nuevo de gente nueva, tiempo de amanecer de lograr que otros sonrían.

En un sueño me escape

Estoy sentada frente al ordenador con los dedos apoyados sobre las teclas siento ansias contenidas de gritar al mundo entero que la única manera de vivir es dando amor, tengo tantas cosas que decir que no sé por dónde empezar, por mi cabeza retumban las frases que he visto o escuchado en algún lugar el mundo actual es un exquisito y agitado escenario, donde deambulas desplazándote junto a los fenómenos, dando saltos y cambios como resultado de las infalibles diferencias, conflictos y contradicciones.

Me pregunto constantemente. ¿Cómo se logra ser mejor? ¿Cómo podremos hablar con el sol? Me he sentido hoy, un personaje de una película del Oeste "Solo Ante El Peligro" deambulando, con el sol a cuesta, por un pueblo desierto viviendo realismo mágico por todos lados. Que terrible, creo que el verdadero nombre es realismo.

Sólo corresponde sumergirse en él, todo lo que está a nuestro alcance y en determinado momento existen tantas cosas que quiero decir, pero mis palabras se las robó el sol, siempre se piensa en el futuro o en el pasado pero nunca en el presente.

Hoy quiero poner una nota alegre al día pero me doy cuenta que es imposible no hay sintonía así que todo se reduce o se magnifica, se convierte en nada, podría proponerme cincuenta mil cosas, proyectar propósitos poco factibles, pero creo que me voy a ir por la senda más realista. Cuando se entremezclan las sensaciones, deciden retirarse sin explicación, dejando un vacío enorme y un desagradable sabor amargo que estoy procurando quitar de mi entorno. Sentimientos, sabores, ruidos, imágenes, silencios y calor humano solo puedo recordar una palabra. FAMILIA.

Mil horas de preguntas y aún sin comprender es quizás como encontrarle el sentido al sinsentido o escuchar el silencio de la muchedumbre, Vuelvo a mirar a mi lado, mi visión es corta, pero mis raíces claramente están expuestas al sol, ya por mis venas no corre la salvia, la vida está a un grado de mí llevo en el alma alguna pena es también un poema que te marca el momento y te da el argumento de escribir lo que quieres en nuestra vida, soñar no cuesta nada, y como sueño, podría pensar que soy una soñadora impenitente, sueño cosas hermosas, quizás con imposibles, tal vez con un mundo irreal que no existe, al menos para mí, lentamente puedo sentir el torrente en mí, clamando por una esperanza.

En el mundo real el aire es mucho más frío, el dolor es más intenso, las vivencias son más injustas. Hoy puedo creer en lo increíble, recibir lo que nunca pude concebir, ni siquiera en mis sueños.

Soy fuerte, pienso, pero miento.

Me duele el pecho, me duele la espera, me duele mi tiempo y mis pensamientos. Mis pensamientos vuelan procuro correr presurosa tras ellos, este momento en que sólo fluyen palabras que forman imágenes tristes, desoladas.

La luz se quiere ir, debo darle rienda suelta a las palabras qué, atropelladas, se agolpan en la puerta de mí dedos.

Quiero gritar a los cuatro vientos, que no merece la pena brindar un insulto ni herir gratuitamente a un semejante; no siempre las mujeres somos las complicadas, según va pasando el tiempo y mis horizontes se van abriendo me doy cuenta de que el hombre es un puzle de lo más complejo, pero esta es otra historia en la cual no tengo muchas ganas de profundizar, No hay muro suficientemente alto para no saltarlo, a veces cuesta más, pero se consigue.

Nacho tiene varicela

Después de unos días de inactividad forzosa, he comprobado que no hay situación en tu vida que no pueda empeorar más, dicen que a perro flaco todo son pulgas, a mí en mi circo me han crecido los enanos, pues bien mi Nacho tiene Varicela ayer pasó el día con fiebre y hoy tiene ya los antiestéticos granitos así que como sigamos de esta guisa nos vemos pasando la varicela de uno en uno.

Ay qué pena, menos mal que yo estoy un poco mejor de mis vértigos, no han desaparecido del todo, pero por ahora se pueden dominar.

La llave de la felicidad

No te detengas todo va cambiando no debemos aceptar solo lo que nos ofrece el mundo si no también lo que nosotros somos capaces de aportar

No dejes que la realidad hunda tus sueños, no dejes de hacer todo cuanto desees pues llegará el día que te arrepientas.

Tu vida es el camino largo que recorres, plantéate un objetivo y hazlo realidad, no pienses en que si te equivocas volverás a recorrerlo pues atrás nunca llegarás, el pasado, pasado es, nunca te arrepientas de lo que hiciste, arrepiéntete de lo que no estás haciendo.

Por qué la gente ya no dedica su tiempo en conocer a los demás, por qué la gente tan sólo quiere triunfar, en la vida vas a llegar a tener aquello en lo que trabajes, del triunfo al fracaso sólo piensa en la noria lo mismo estás arriba (éxito, dinero) que lo mismo estás abajo, Intentas llenarte de valor para salir a trabajar, para salir a ver qué tal te va la vida, si por un día dio la vuelta a la tortilla, lo que nos hace levantarnos es la manera de enfocar la vida, desde la humildad y la sinceridad todo lo podemos lograr, para mí tienes todas las cosas para triunfar, para ser feliz y no anhelar más. Siéntete afortunado por todo aquello que te rodea y pase lo que pase no dejes que la realidad hunda tus sueños.

Recuerda que solo tú tienes la llave a la felicidad.

Pedacitos de mi vida

Todos tenemos un camino marcado, mi vida está hecha de esfuerzo (aunque esté llena de obstáculos), de sueños, de metas, de ganas de vivir (que espero no se me pasen) y de querer mucho, pero de la forma de emprender el camino depende de cada uno de nosotros.

En alguna ocasión hablé de los paisajes y de sus influencias en el estado de ánimo, que estamos en la obligación de querer, que no somos piedras. Estoy convencida de que los momentos del día determinan deseos, actitudes y decisiones.

En este camino nos encontramos con personas que llegan a nuestras vidas porque debe ser así; para servir un propósito; para enseñar una lección, un sueño por descubrir aunque un instante antes hubiesen sido desconocidos, cuando miras sus ojos en ellos ves, sabes y comprendes, que afectarán tu vida de una manera profunda y yo me pregunto, la vida está hecha de los ingredientes como yo quiera, de un poquito de sal, de azúcar, de sed, de todo un poco.

La vida está hecha de ilusiones compartidas, porque si solo vivo para mí, qué aburrido ¿no?

¿Quiénes somos en realidad? El silencio es compañero exigente. El silencio no es amigo, es espejo. El silencio no tiene espalda, abandona imposibles sueños, sólo al futuro guía.

Para poder enseñar lo que deseamos alcanzar, tenemos que tener claro lo que deseamos. A veces te pasan cosas injustas, pero en el fondo entiendes que sin que las superes nunca hubieras advertido el poder de tu corazón.

todo tiene su explicación la gente que conoces va modificando tu vida, tus triunfos y los fracasos van amasando y esculpiendo la persona que eres, e incluso las experiencias "malas" son las que más huella dejan, te herirán, traicionaran o romperán tu corazón, hay que tener cuidado de a quien abres tu corazón.

En las cosas pequeñas y cotidianas de la vida. Haz que cada día cuente, aprende todo lo que puedas, quizá más adelante no tengas la oportunidad de hacerlo. Es importante ser consciente de ello y en la medida de lo posible, elegir el momento adecuado.

Mantén tu cabeza en alto porque tienes todo el derecho a hacerlo. Mi alegría nunca se apagará, mis pies se detendrán más seguirán el camino, mi fe dudará pero no morirá porque la fuerza de la esperanza es infinita y puede más que el mal y que el dolor.

Estoy convencida de que los momentos del día determinan deseos, actitudes y decisiones. La responsabilidad está en ti. Sólo de ti depende que procures tu propia vida, ¡vívela!

La niña que llevo dentro

Muchas veces la niña que llevo dentro, tiene rabietas, se encara, me regaña, me echa en cara que en muchas ocasiones me recuerda que la saque, que le dé una vuelta, que pasee con ella, sonrisa al viento, que la coja de la mano y mire a través de sus ojos, para recordar la lluvia y las tormentas son bonitas detrás del cristal, pero a veces es bueno calarse la ropa y los zapatos saltar entre los charcos.

Que ningún mal hay que mirar entre las hormigas, sentir el cosquilleo de una de ellas corriendo por tu brazo, buscando la libertad.

La emoción de comer una galleta de chocolate a escondidas, hacer pompas con el chicle y que hagan mucho ruido.

Enjabonarte el pelo y hacer crestas y en la ducha ponerte a cantar como una loca.

Volver a pintar con la cajita de pinturas esas casitas con chimenea que echan humo con sus árboles y la valla y que no falte la caseta del perro, las nubes con su sol redondo con rayos rectos rodeándole.

Lo reconozco me divierte sacarla, me divierte dejarme llevar aunque termine agotada, con los pies ennegrecidos de ir todo el rato descalzo y las uñas mordisqueas mientras veo los dibujos de la tele tirada en el sofá insisto de vez en cuando está bien que salga.

Presente y futuro

Nos hacemos mayores, pero dicen que cuando nos hacemos mayores disfrutamos menos de las cosas cambiamos, nos volvemos más reservados, pero en el fondo seguimos siendo como cuando éramos pequeños, criaturas que esperan, el destino, se parece a una pequeña tempestad de arena cambia de dirección cambias de rumbo intentando evitarla, la tormenta también cambia de dirección. Tú vuelves a cambiar de dirección esto se repite una y otra vez.

Se han caído las espinas de los ojos, los párpados se abren y ven brillar a la Luna. Amanece. El día comienza gris, pero mi alma renacida, guarda un halo dorado. Las horas pasan deprisa. Dicen que se empieza a envejecer a los 20 años. Me preparo un té con dos gotas de lluvia que chapotea en el tejado. Ahora ya podemos hacer una recopilación de recuerdos vividos, un "autorretrato", una película de momentos de un pasado que ya existe. La vida en el colegio de siempre, con la gente de siempre, no invitaba a mirar al pasado ya que todo pertenecía a un mismo presente. No invitaba a recordar y a emocionarte con cenas, viajes, fiestas, conversaciones, encuentros, visitas, risas ya que todas podían volver a repetirse.

El pasado quedó tras de ti; nunca más va a volver. Pero que siempre estará esperando a que yo de un paso hacia adelante, para recoger mis frutos y preservarlos para el mismo. Presente momento en el cual yo estoy escribiendo este mensaje, claro que para cuando vosotros lo estéis leyendo, ya no será presente sino pasado. el estado futuro no ha llegado. Pero aquel que con visión clara puede ver el presente que está aquí y ahora, tal sabio debe aspirar a conseguir lo que nunca puede ser perdido ni alterado". Ahora sólo hay Presente y Futuro.

Estoy deprimida

No tengo muchas ganas de contar nada, ha resultado un día agotador pesado. Hace un rato me vi llorando mientras me daba un baño. Y ¿Por qué? Tengo estos altibajos y este sueño que no me tengo y todo el día oyendo la misma cantinela" has de poner de tu parte" de que parte, cómo si no lo hiciera.

Poder dormir al fin más de dos horas seguidas. Me gustaría darme una vuelta por vuestros blogs, tal y como hago siempre.

Estoy agotada, sin ganas de nada que no sea dormir y olvidarme de todo. Sé que es imposible, pero en este momento estoy "ARTA"

Mañana será otro día.

Esta casa es un desastre

Esta casa es un desastre sí la misma palabra lo define, estoy en pleno batacazo moral en pleno declive mi José se pasó toda la noche vomitando, tres veces, una en su cama, otra en la mía y en el tresillo es evidente que tuve que cambiarle las tres veces de ropa, ropa de cama y funda del tresillo, su hermano Nacho que es muy solidario con su hermano se unió a la juerga y para no faltar se unió también el bueno de Miguel así que a las tres de la madrugada me encontraba poniendo lavadoras fregando el suelo, no me diréis que esto no es para echarse a llorar, y todo porque ayer mi hijo y mi marido se pegaron una panzada de bolitas de chocolate y entre el calor que hacía en casa un coctel mono toz , tengo ropa para planchar que me sale asta por las orejas, no doy a bastos con la ropa, plancho una tanda y se multiplica o triplica, no me puedo pasar todo el día planchando es evidente tendría que estar una semana planchando y sin hacer otra cosa y claro sin que se ensuciara la ropa.

Este es el panorama de mi casa, no soy capaz de ponerme al día, lo que voy arreglando por un lado se desarregla no me dura nada, mi madre muy sabio consejo siempre me da" No es más limpio el que más limpia, sino el que lo sabe cuidar y que cierto es" yo me paso el día haciendo cosas y parece que no hago nada. Me desespero pero no me sirve de nada. Sólo espero el poder encontrar el equilibrio es muy difícil estar perdida en tu propia casa y tener la sensación de no saber por dónde empezar, cuando no acabo de terminar.

Esto es lo que hay y así se lo hemos contado la cosa espero que tenga una solución, porque sino acabaré como el rosario de la "AURORA"

La felicidad limitada

Hay momentos que sentimos que todo está mal la vida es muy dura, tan llena de todo y tan vacía de nada a veces nos hace a las personas cometer errores hay días dolorosos tristes e inolvidables, la plenitud de no estar nunca cien por cien satisfechos; y cuando creemos que al fin lo estamos algo sucede y nos pinchan el globo de la Felicidad luego tenemos que pagar con esfuerzos y sufrimientos, hagamos que nuestra vida valga la pena.

Todo es tan relativo.

¿¿¿Tanto cuesta estar bien???

Idas y vueltas sin salir de un mismo lugar. Así expresamos sentimientos ocultos en nuestro subconsciente, en muchas ocasiones han pasado "personajes" que te han visto llorar por cosas que te pesan en tu vida, pero solo puedo decir mi vida vale mucho hay y tengo que valorarla, me lo tengo que repetir, así me lo llegare a creer tu corazón siempre te lo agradecerá. Los deseos y los sueños están estrechamente ligados a las emociones mas internas y fuertes que tenemos dentro sigue con tu vida no te entristezcas porque al final la que pierdes eres tú y la gente que te quiere. Muchas veces no deseando nada se posee todo en su justa medida. ¡La vida vale cuando tienes el valor de enfrentarla! Vive, ama, se libre, diviértete, alegra esa cara que te mereces muchas cosas aunque tú no lo piensas así, los deseos y los sueños están estrechamente ligados a las emociones más internas y fuertes que tenemos dentro te lo agradeceremos todos incluidos tu alma, sé que vendrán tiempos mejores.

Nuestras acciones hablaran por nosotros, hagamos que nuestra vida valga la pena.

Mi vida

Hoy me encuentro, en este gran escenario que es la vida, mi alma tiene la oportunidad de volver a soñar, correr por la vida, ahora logro ver los caminos que elegí, los errores que cometí y todo deja sabores.

Regálate unos instaste de silencio, deja a un lado los rencores, reflexiona: ¿cuántos amigos tienes?, ¿qué piensan de ti tus seres queridos?, ¿cuántos éxitos has tenido en la vida? con toda seguridad encontrarás frente a ti el cruel fantasma de la verdad, quien sin remordimientos te dirá quién eres. Pero, una vez que lo conozcas, vive para convertirte en aquello para lo cual fuiste creada: Este es mi escenario, levanto mis brazos como triunfadora. Esta es mi vida.

Amigos míos

Siempre me ha gustado la organización, me gusta la colaboración, no me gusta el desinterés y la despreocupación, intentamos tirar del carro todos los días y en muchas ocasiones sin fuerzas para continuar, intentamos dar lo mejor y sólo por hoy voy a afirmar que existo y que vivo no se deben aceptar la limitación ni la derrota, vivimos el momento, el tiempo que debemos disfrutar.

Después de transitar durante mucho tiempo por caminos donde lo más importante es lo material y lo físico, buscamos valores que nos permitan afrontar todo lo que nos rodea lo que sucede en nuestra vida. Un trabajo de adentro hacia fuera en los senderos del amor, del éxito y de las relaciones creo que hemos venido a esta vida a entregarnos a mejorar no todo el mundo lo aprecia así, la vida se nos escapa y ese espacio de tiempo en la que la tenemos, tenemos que aprovechar

Si te repites lo suficiente, cambiará tus pensamientos y creencias, los problemas que tenemos en el mundo surgen porque perdemos el respeto de nosotros mismos sé valiente, sé fuerte no te impongas límites, la única persona capaz de cambiar algo en nuestra vida somos nosotros mismos. Nadie más.

Vivir Día a Día

Vivir día a día y descubrir a cada instante algo nuevo.

Cuando uno quiere algo tiene que hacerlo, la mayoría de las veces no es fácil la vida te va poniendo trabas zancadillas a las ilusiones, cuando te piensas que tienes algo no tienes nada, la conclusión es que nada de lo que nos rodea tiene una solidez si no ponemos unos buenos cimientos, de amor cariño confianza, solo somos nosotros los que creamos o destruimos, tendemos a echarle la culpa a los demás y no nos damos cuenta que de esta forma no llegamos a ningún sitio.

Yo me pregunto, cuando uno cae hay alguien dispuesto a tenderte esa mano amiga o por el contrario te la echan al cuello para que la caída sea más dolorosa, todos podemos caer y esa mano es necesaria ahí, para no sentir la soledad.

El miedo es simplemente la inseguridad de lo no conocido, cuando uno observa desde fuera puede ver detalles que estando en la misma circunstancia no tiene en cuenta y pasan desapercibidos, tenemos una capacidad personal de ver las cosas, mi forma de ser me hace verlo todo de forma positiva" la vida en rosa "La Vida es según el color del cristal con que se mira."

Palabras escritas que quedan ahí, una hermosa melodía se apodera de mis pensamientos. "¿Quién sabe dónde camina ese tiempo? ¿A dónde se dirige? Solo va avanzando a lo largo de mi vida, mi mente vuela y se pierda en esa maravillosa música dejando paso a mis emociones y sentidos volar a través del aire y no tocar con los pies en el suelo. Miles de preguntas agolpadas en mi cabeza. Dudas de diversos colores, esperando una respuesta.la respuesta está en mí misma. Hay mil cosas por hablar mil momentos que compartir mil detalles que descubrir, pero todo tiene su tiempo y su lugar y este llegó a la pausa por el momento.

Nuestro Verdadero YO

Por lo general, nos preocupamos y le damos demasiada importancia a lo que piensan y opinan los demás de nosotros, pensamos demasiado en el que dirán y como se interpretarán cada uno de nuestros comportamientos. No nos damos cuenta de que con ese proceso estamos silenciando a nuestro verdadero YO. Ha llegado el momento de "subir el volumen" a nuestra propia personalidad. El momento de atrevernos a mostrar al mundo que en nuestro interior tenemos una personalidad y que en muchas ocasiones la tenemos encerrada bajo candado nuestra grandeza que está basada precisamente en eso en SER UNICOS. ¡No dejemos que el mundo se pierda lo que solo nosotros podemos mostrarle! No permitas que esto te suceda. ¡Haz sonar trompetas y clarines! ¡Muestra todo lo especial que hay en ti! ¡Haz que los demás puedan sentir y percibir claramente que eres único y especial!

Y la principal razón para hacerlo es que VERDADERAMENTE LO ERES.

Date cuenta de ello y ¡Disfruta!

Tu Sonrisa

Las cosas más importantes son siempre las más difíciles de contar. Al relatar algo que mentalmente nos parecía ilimitado, hay veces que no nos vemos capacitados a expresarnos de la forma más adecuada lo reducimos y desojamos como si de una margarita se tratara. Claro que eso no es todo, ¿verdad? Los recuerdos abren las puertas de mi memoria y cometo el error de pensar qué hubiera pasado sí, Supongo que en todo interviene el azar, el capricho y lo que no se puede controlar. Todo aquello que consideramos más importante está siempre demasiado cerca de nuestros sentimientos y deseos más recónditos, como marcas hacia un tesoro que los enemigos ansiaran robarnos. Y a veces hacemos revelaciones de este tipo y nos encontramos sólo con la mirada extrañada de la gente que no entiende en absoluto lo que hemos contado, un buen día abres los ojos, te despiertas y pones los pies en la tierra, parece que con un poco de esfuerzo todo puede conseguirse.

Me gustaría encontrar las respuestas a muchas de las preguntas que a mí misma me hago, encontrar palabras que necesito escuchar, no poder recomponer cosas que para mí eran importantes, aprovechar el tiempo, y amanecer, y sentirte vivo. Eso sí es único. A veces lo demás, incluso las sensaciones de amor o de placer, no importa nada, Pero para darse cuenta de ello, hace falta vivir. He perdido la llave de mi caja de llantos, Sonrío, gusto, disfruto, odio, necesito, quiero, aprendo, camino, canto, sufro, río, contradigo, miro, sueño, creo, duermo, busco, tengo, paseo, hago, salto, paro, bailo, olvido, sé, siento, valoro, estornudo, amo, tiemblo, intento, pienso y lucho...simplemente Soy yo.

Yo sé que nací para sonreír, para ser especial; nací y para ser alegre todo el tiempo posible. Y eso nadie debe quitártelo, la sonrisa, TU SONRISA.

Yo y Mis Circunstancias

Porque ese pensamiento es lo único que en días como hoy te hace seguir, cómo decir un poema sin ni siquiera decirlo, cómo cantar una canción sin ni siquiera entonar la melodía, es fácil, muy sencillo. En la mirada nuestra que la admira sin medida. En la significante belleza, en su ser, en su todo.

Este fin de semana ha sido fantástico, fue dulce, tierno, divertido, apasionado, cómplice, maravilloso fue mil cosas más, inolvidable me reí como hacía mucho tiempo que no lo hacía, al pensar me recuerda a un conocido anuncio. Sería algo así como.

Billetes de autobús 1 €
Pepsi Light 1,20 €
1 guitarra 1000€
Ver su sonrisa al despertar. No tiene precio.

Creo que no consigo decidirme. ¿Somos lo que pensamos o pensamos lo que somos? Quizá las cosas no sean, realmente, blancas o negras pero hay épocas en las que sólo puedo ver los extremos hay que ser paciente con la vida, con las circunstancias contigo misma.

Ese Sentimiento

Despertamos sonriendo tras una dulce noche, pero al momento somos conscientes de que el sueño no es real, que se trata de una ilusión el deseo no se cumplió, seguimos sin poseer lo que anhelamos y estamos en el mismo lugar de siempre tal vez exista un lugar donde el cielo se una con el mar, donde el horizonte termine, el cielo no puede estar siempre despejado, la mar no puede estar siempre en calma, cierra los ojos.

No pienses. Deja que sople suavecito sobre tu cara, ábrelos ahora, di lo primero que pasa por tu mente. ¿Quieres saber qué diría? Esa sensación de estar pensando lo mismo, de contárnoslo al mismo tiempo, esa situación en que tú comienzas una frase y yo la termino, o viceversa. Adoro esta complicidad.

Quizás sea difícil entender porqué soy como soy, existen recuerdos que hace asomar una lágrima mientras ríes, cientos de pequeñas cosas en las que no reparo cada día y que me dan pequeños instantes de dicha, si fuese capaz de hacerlas perdurar, ¿no olvidaría la tristeza? No sé explicarlo, sólo puedo decirte que soy, Siento, Amo, Vivo, Pienso, Camino Siempre, a mi manera.

Hay tantas cosas para gozar y hay veces que pasan inadvertidas, nuestra vida está repleta de esas pequeñeces que llenan tanto esa vida repleta y cargada de tanta tensión y enfados, nuestro paso por la tierra es tan corto, que sufrir es una pérdida de tiempo, pero no dejamos de sufrir, somos de naturaleza sufridores y muy complicados ¿Quién dirige tu vida? el Universo siempre está dispuesto a complacernos, aprendí que nunca es tarde, que siempre se puede empezar de nuevo, el trabajo que odias, o las cosas que te encadenan a la tarjeta de crédito, que nada te distraiga de ti mismo, debes estar atento porque todavía no gozaste la más grande alegría ni sufriste el más gran dolor.

Vacía el vaso cada noche para que Dios te la llene de agua nueva en el nuevo día.

Vive de instante en instante porque eso es la vida. Nadie puede enseñar lo que no sabe, ganamos y perdemos, reímos y lloramos, subimos y bajamos, nacemos y morimos

¿Por qué te preocupas tanto? si la vida es muy simple "Si tu problema tiene solución, ¿por qué te preocupas? Y si no lo tiene, ¿por qué te preocupas?"

Esto fue lo que me aconsejo mi amiga Senderista cuando estaba baja de moral y qué razón tiene.

Buscando El Silencio

El silencio no es algo que hacemos, sino un lugar al que entramos. Siempre está allí. Hablamos de guardar silencio: sólo se guarda aquello que posee mucho valor. Y el silencio es valioso, llevo varios días tratando de escribir sobre el silencio, pero para poder escribir sobre el silencio, necesito poder encontrarlo. Los ruidos del camión de la basura a primera hora, los perros, los coches, el llamar de mis hijos y hasta los ruidos de mi propia mente se confabulan para evitar que pueda encontrarlo.

El silencio existe. Pero para encontrarlo debes callar y escuchar, porque si no escuchas bien, lo perderás.

Radios, teléfonos, televisión voces que nos rodean tenemos un constante flujo de ruidos estamos rodeados de ruidos.

En el silencio es donde descubrimos nuestra grandeza o nuestra pobreza, en el silencio es donde cobramos fuerzas para levantarnos cada vez que caemos.

En el silencio está esa fuerza que nos impulsa a seguir con el mismo entusiasmo Unos minutos de ausencia de pensamientos, de sentimientos, dejando que se exprese lo más noble de nosotros, escuchar nuestro latido, nuestra respiración, como un tambor repitiendo una y otra vez la misma canción llenándonos de calma y paz y dejar hacer desde el silencio de tu interior.

Qué espléndida laguna es el silencio
Allá en la orilla una campana espera
Pero nadie se anima a hundir un remo
En el espejo de las aguas quietas.
Benedetti
Escucha el silencio, tiene demasiadas cosas que contarte. Dicen que el silencio es el ruido más dulce.

La Vida

La vida está en constante cambio, todos hemos necesitado alguna vez "Un poco de luz en nuestras vidas", Gracias, Vida, por el día de HOY, a veces, la vida es generosa y te regala momentos mágicos, pequeños regalos que sacan sonrisas inimaginables, grandes momentos que parecen sacados de alguna película, me otorgó un regalo muy bello, la sensibilidad y la capacidad de abrirme a la vida con el alma, y es por eso por lo que siempre estoy dispuesta a ver la belleza en todo lo que me rodea, cada decisión diaria construye nuestro futuro, las decisiones que elijamos creemos que no son las más adecuadas.

He aprendido a apreciar todo lo que se me ha brindado con amor, y también debo apreciar todas las lecciones que me han servido para madurar o para que crezca mi razón, aunque haya sido una materia dura, dada por un maestro estricto. Siempre buscando razones buenas y correctas, para continuar caminando, sonriéndole.

Nos proporciona, la claridad, la luz, alegra el espíritu, infunde optimismo y da vigor a nuestro organismo, también ayuda a nuestra salud un paseíto por la mañana y si es posible otro al finalizar el día, sin correr, sin prisas. Es muy bueno repostar mi vida es armoniosa y pacífica. Estoy en paz, Yo soy resplandeciente, yo Soy dichosa.

Observemos las nubes que pasan, los pájaros que vuelan, sentémonos en la terraza de un café, miremos como juegan los niños esos ancianos que pasean por las calles ellos si saben valorar la inmensidad de las cosas con su sabiduría, sus conocimientos, una cajita de sorpresa...Permitamos siempre que el sol esté iluminando nuestras vidas nos dé calor y alegría y aprendamos a adaptarnos y lo que tenemos, apreciarlo en su justa medida seamos felices siempre. Por lo menos hay que intentarlo.

! Cuesta tan poco trabajo ¡

Las Manos

Mis manos no son tan bonitas, están limpias pero marcadas. En nuestras manos está el poder de aceptar las cosas como nos vienen, con optimismo o con sufrimiento tú eliges el problema, ya está, el resto depende de ti. Hay que saber optar muy decididamente, por todo lo que está a nuestro alcance que pueda, Dulcificar, Embellecer, Calmar. Parece fácil decirlo, pero lo fácil es saber aplicarlo y todo será mucho mejor. No podemos borrar el transcurso del tiempo, la erosión, el recorrido que ha marcado nuestro ser, que se ha ido, produciendo con el transcurso de los años, por el trabajo, por el frío, por el tiempo.

Pero aquí están para vosotros para poder echaros una mano, o las dos si es necesario con las manos podemos obtener el poder de una fuerza inmensa en nosotros mismos, las manos acarician, rozan, sienten, ahora estamos juntos me encontraréis, siempre que me busquéis, el momento insólito de poder describirte con mis manos, el recorrido que ha marcado nuestro ser mantener sano el corazón, ir creciendo, mejorando con cuidados y dedicación.

Tenemos que tener confianza, no hay que tenerle miedo a nada, solo al propio miedo juntando nuestras manos, encontraremos el amor y la comprensión que, tanto hemos soñado.

Las manos son la expresión del espíritu, nos transmiten información sensaciones, texturas.

Existe una pronunciada relación entre la manera en que experimentamos con nuestra piel y la piel de otras personas.

Pensamientos Positivos

Nuestro inconsciente nos manda mensajes, de diversas formas repercutiendo en nuestro entorno, en nuestras vidas de forma positiva o negativa. Aleja de ti la sombra de la duda, no te deja abrir los ojos al nuevo día que viene con luz de esperanza y felicidad, es necesario saber descifrar, cuando pensamos en una persona que hemos perdido de vista ¿Podría ser una invitación a ver a contactar con ella? ¿Quién sabe el papel que desempeñara nuestra vida? ¿Podría ser una persona que necesita de nuestra ayuda, o viceversa? Debemos empezar a descifrar.

Comenzar, el paso más difícil, el que se teme, el que queremos dar y algo nos lo impide. Ese primer paso es el más importante, el más difícil, pero hasta que no decidamos hacerlo, no llegará el cambio, no se abrirá esa puerta, no podremos ver la belleza de esa nueva vida tan anhelada.

Todos tenemos pensamientos positivos, los pensamientos positivos son la mayor riqueza, nos permiten lograr todo lo que nos propongamos, con ánimo, Fe, esperanza.

Todo regresa como un bumerán a nuestras vidas, limpiar nuestro pensamiento es tarea muy difícil y complicada, sucede a menudo que estamos siendo negativos y no nos damos cuenta. Hagamos el bien sin importar lo que aparentemente no resulte, movemos montañas aún sin verlo.

Nuestra mente o subconsciente, es una recopilación de todo lo que pensamos creamos una puerta abierta a la felicidad, sólo hay que empujar, ahora estás capacitado para iniciar una nueva vida positiva, quedará en tu subconsciente como tu vida natural, impregnada con la fuerza mental Compartir, mirar, ofrecer, abrir, intercambiar, recibir, olvidar, tolerar, tranquilizar, consolar, llorar reír, cantar, divertirse, danzar también es una forma de ser positivo, todo pensamiento consciente repetido durante una temporada, se convierte en un programa, el desorden exterior, revela a menudo, un desorden interior, cada día, al finalizar la jornada.

Es la hora del balance del día, tú tienes el mando a distancia de tus pensamientos, tenemos que tener confianza, siempre, usa dos palabras mágicas: PUEDO y QUIERO. Puedo ser mejor, quiero ser mejor. EVITA SUFRIR GRATUITAMENTE, usa una frase mágica: SOY CAPAZ.

Vitaminas Para el Alma

Ayyyyyyyyy si el mundo estuviera en mis manos, no existirían los asesinos, los malditos cobardes que quitan vidas inocentes así porque sí esos no ocuparían lugar en mi mundo. Los hombres maltratadores no existirían y en vez de palizas y desaires le darían a sus esposas diariamente mil besos, ilusiones caricias y rosas. "Nadie puede entrar en tu Razón y decirte", "te obligo a que te sientas mal", si tuviera que haber un poquito de maldad para que no fuese una vida aburrida, dispararíamos con pistolas de agua llena de pinturas de colores, salpicaríamos la vida con copos de nieve y a su vez que esta se plasmase en nuestra tierra.

Yo Soy, una Enamorada de la Vida, y en mi Vida, caben todos, nadie tiene tu permiso, para hacerte pasar un mal momento, está en todos nosotros reaccionar de igual forma o por el contrario comportarnos con sensatez a diario veo, como las personas se enfadan unas con otras. Está en todos nosotros reaccionar de igual forma o por el contrario comportarnos con sensatez y no de manera infantil, "tú tienes la llave de tus emociones," eres el que decide, cómo quieres reaccionar. Puedes elegir, terminar enfadado, o por el contrario concluyes riéndote de lo infantil que somos, los seres humanos, aun cuando ya somos adultos se supone que deberíamos poder comportarnos, de una forma razonable. "Nadie puede hacerte sentir mal" "ni mucho menos ofenderte," el que se ofende de lo que otros te dicen o hacen, eres tú, si al contrario pones la perspectiva correcta y entiendes que no siempre, los demás actuarán de forma razonable o con educación, hasta entonces, empezarás a entender la verdad más profunda, del dicho popular con que inicié este Post.

Nadie puede obligarte a sentir algo que simplemente no es beneficioso para tu espíritu; vivir en paz no es Fácil en un mundo lleno de personas violentas o malintencionadas, pero tampoco te pueden obligar a ser, como otros quieren que seas.

Si decides ser un alma que se mueve en paz, no habrá persona alguna, que pueda sacarte de ese estado, de pensamiento.

Muchas Personas han caminado en este mundo; han pensado, actuado de esa forma y logrado salir adelante ante situaciones duras y difíciles. Así que no decaigas.

Te invito a que lo intentes, piensas cuando alguien te ataque o te muestre animosidad o adversidad que esta persona está emitiendo energía negativa pero que está en tus manos, recibirla o simplemente dejarla correr, nadie puede obligarte a sentirte mal, eres tú al final el que decidirá cómo sentirte; la llave de tus emociones, siempre ha estado y estará en ti así que úsala con discreción y sabiduría.

Somos Lo Que Damos

La alegría y la tristeza están en el mismo saco hay gente que con solo decir una palabra enciende la ilusión yo me siento feliz, muy feliz, los que no me conozcáis diréis te falta una pizca de picardía y un puntito. Pero mis queridos amigos si no fuera por ese puntito, quizá no fuéramos felices con solo sonreír los ojos nos invitan a viajar por otras zonas, recorrer el mundo y toda la magia resurgiría en cada rincón. Nada más que a trompicones como siempre. Si no fuera por ese puntito, mi simpatía o empatía se habría malogrado hace tiempo hay gente que con solo dar la mano rompe la soledad, cuando un día hace años pasas de niña a mujer sin quererlo te das cuenta que tu vida ha dado un giro de 180 grados, tienes más responsabilidades.

Somos lo que damos, nunca se sabe si valemos lo que somos, es cierto, es bonito mirar con los ojos del alma pues al hacerlo, no miramos efectos sino bellas cualidades, ahora podemos decir que somos mucho mejor en muchas cosas, si no sabes hacer feliz ni un segundo a una persona con una sonrisa pasa lo mejor que puedas.

Pero cada día te pone las cosas donde Dios quiere. Así que amigos intentar ser felices. No dobleguéis nunca los sentimientos, a veces duelen, pero el dolor es necesario para fortalecer el alma. Tenemos que curtir al alma, hacerle fuerte por lo que pueda venir.

¿PENSASTEIS ALGUNA VEZ QUE SI NO FUERA POR TODOS, NADIE SERÍA NADA? ENTONCES LO QUE TENGA QUE SER SERÁ.

Mi gran Amiga

La gripe, mi gran amiga del alma me quiere tanto que no hay año que no me venga a visitar y se instale en mi casa sin que nadie la invite ¡¡¡¡mira que tiene morro esta señora!!!!!!!. Y lo que cuesta que se marche, no se va ni con pan caliente.

Como soy tan maja y simpática, mis virus me han cogido mucho cariño y no me quieren dejar. Hacen cola en la puerta de mi casa e incluso se pelean para ver quién va entrar el primero—

¡¡¡qué yo voy antes que tú!!!.

¡¡¡Pero qué dices tú!!!.

Incluso he tenido que llamar a los sanitarios para poner un poco de paz, he hecho todo lo posible por qué se fueran, les he fumigado con amoxicilina, paracetamol, ácido acitil salicílico , les he intentado expulsar tosiendo y estornudando, pero nada, no hay tu tía. Están muy agustito en casa con mi familia

Como nos hemos hecho tan amigos, he puesto unas normas, me tienen que dejar descansar las noches y fines de semana tienen que prometerme no contagiar a mis ñajitos que me parece que con eso llego un poco tarde y haber si consiguen que pierda un par de kilos.

¿Veis? Sigo fatal, hablo con los virus, y creo que eso no es por la gripe, es por estar tantos días encerrada sin salir.

Reconozco que hoy ya estoy mejor, ya he podido hablar un poquito más y la fiebre se ha reducido, incluso tengo hambre. Pero me siento un pelín débil, así que por mucho que nos empeñemos mis inseparables virus se preocupan demasiado de una servidora por qué se resisten en abandonar esta que es su casa "Mi cuerpo"

Mañana voy al médico dicen vamos con otros compañeros de mis amigos, así que ya puedo ponerme bien, que no me apetece llevar esa caterva de amigos que no han sido invitados.

Lobos Con Piel De Cordero

Las personas, cuando alcanzan el éxito personal crean una vida paralela y no quieren saber nada de la gente que quieren y le han echado una mano en su camino en la vida, estas personas se acercan a ti con piel de cordero, pero no son más que lobos con piel de cordero, hasta ahora formaban parte activa de tus vidas tus amigos, vecinos, de pronto no les interesas se alejan eres un estorbo, cambian la familia, cambian de amigos como el que se quita una chaqueta vieja y usada, la tira a la basura porque ya no les vale, pasan pagina.

Se olvidan de los que han estado a su lado, apoyando en las duras, esas personas que han quedado en la sombra han contribuido a ese éxito pero no cataran la alegría de la victoria la recompensa de un abrazo de agradecimiento, te renegaran al plano de la ignorancia del desdén y la nada, invisible, no existes.

En la vida no caminemos solos, no somos monedas de cambio, siempre existe una relación reciproca entre tú y los demás. Sea cual sea el nivel ya nos parecerán poca cosa, pero los olvidamos y nos creemos únicos como si ya no "pegaran" en nuestra vida Pero precisamente siempre han estado ahí:

Empujándonos, desgraciadamente esto pasa muy a menudo menos mal que no siempre Pero a alguien muy cercano la ha pasado, me ha pasado a mí. Lo he padecido.

Por eso mi reflexión es la siguiente. Amigos intentar ser felices, no dobleguéis nunca los sentimientos, a veces duelen, pero el dolor es necesario para fortalecer el alma. Tenemos que curtir el alma, hacerle fuerte por lo que pueda venir. Somos lo que damos, valemos lo que somos.

Todo mi mundo

Todo mi mundo va tomando color y se va llenando cada rincón de mi ser "ocupando cada minuto ¿será tal vez que el tiempo se detiene? entre mil caminos de mi mente o simplemente subo hasta el cielo imaginando tal vez mañana, o tal vez pasado, o en unos días mi mundo laboral tendrá un nuevo camino marcado, no será mejor ni peor hasta hoy en día, aunque eso de por si a estas alturas de mi vida hay momentos en que las decisiones son el camino a seguir y hay que tomar alguna para saber hacia dónde encaminar tus pasos.

Hemos de poner en la balanza lo bueno y lo malo, hemos de poner el punto de mira no en el hoy si no en el mañana y tratar de decidir lo mejor.

¿Qué será?, sinceramente, no lo sé, sea como sea y termine como termine el día, aportando "aparentemente" algo o no. Siempre termina por dejarnos algo sobre lo que pensar.

Bellos Momentos

No te lamentes de lo rápido que transcurren los años pasa sin compasión, impasible y sin piedad. No te cuestiones que ha sido de tu vida, pues la vida que no ha sido disfrutada ya no tiene remedio, el pasado no regresa. Guarda una sonrisa de satisfacción, por los bellos momentos guardados que atesoraste en el fondo de tu corazón, una pizca de sabiduría para aprender de tus fallos y sigue tu camino pensando en lo que queda por hacer, que es bastante, siempre te queda un amanecer. Cada amanecer es un regalo, un placer, una experiencia, una oportunidad. No pierdas la capacidad de ilusionarte, de recrearte, divertirte en las pequeñas cosas, de amar y ser amado, de luchar, de sonreír, de superarte, de ser feliz.

No busques, mi madre me dice lo siguiente, el que busca hallaba algo y hallaba un cuerno.

Estoy cansada de oír

Estoy cansada de oír, yo soy el protagonista y me tenéis que adorar, yo hago lo que nadie puede hacer y me tenéis que adorar, yo sirvo mejor que nadie y me tenéis que adorar. Pregúntate desde ahora ¿Quién soy?, que hago adónde voy y si soy inteligente y sabio, ¿Para qué pregonarlo? Nunca digas que eres más que los demás, que el mundo descubra en ti la sabiduría en esa sonrisa que das a la anciana, en ese saludo que das al amigo, en esa caricia que le das al niño, ¡entrégate!

Enseñar al que no sabe es lo más hermoso, y porque así lo deseas, que la luna sea testigo y las estrellas nuestras hadas. Lo más pequeño lo más bello, aunque parezca que no das nada. Porque bienaventurado es dar, sin recibir.

No son los diplomas, o las medallas o los reconocimientos externos lo que verdaderamente vale de ti mismo, sino el reconocimiento interior, la belleza esta en el interior ¿estás haciendo las cosas bien?, ¿tienes tu conciencia en paz?, te estás esforzando para brindar lo mejor que tú eres. Los únicos aplausos valederos son los de tu propia conciencia. Ella va a ser tu mejor amiga o tu peor enemigo.

Algo Hermoso

El amor es algo hermoso es, el regalo más valioso que la vida nos deja.

¿A quién quieres más a tu madre o a tu padre, a tu novia o a tu hermano, a tus abuelos o tus amigos? Es una pregunta que en alguna ocasión nos han realizado, no hay porque elegir, el amor es infinito, se puede amar de muchas formas con diferentes consecuencias y todas con resultados favorables.

¡¡¡ El amor a los hijos es lo que más puedes expresar ¡¡¡ es bello. Pero el amor a los hijos es por siempre, es tan hermoso el amor y las múltiples maneras en que se lo puede sentir, es distinto el amor familiar que el amor de pareja, que el flechazo de estar enamorado y no tiene porque ser uno mejor o más fuerte que otro.

EL AMOR ES LO MAS GRANDE QUE EXISTE EN ESTE MUNDO POR AMOR HOY ESTAMOS AQUÍ.

Cariño, ternura lo más puro y sincero, es el sentido de la vida.

La Tranquilidad

La tranquilidad es una cualidad espiritual, son pétalos de años que la vida nos pone en nuestras manos para restaurar nuestra espiritualidad necesitamos tranquilizarnos.

Sólo cuando nos tranquilizamos podemos llegar más lejos. Convertirla en una rosa, sin espinas la buscamos a nuestra medida, le tejemos un entorno incierto, soñamos, muchas veces, llevándola dentro, la sacamos fuera.

Todos tenemos un poder especial, la facultad de elegir, somos capaces de gobernar nuestro propio destino mediante nuestras decisiones, es muy vergonzoso porque le cuesta salir.

El tiempo es lo que perfecciona las cosas, nos da luz, es un beso, una sonrisa, flores, cielo, mar, No es siempre estable, fija, duradera parece un parpadeo, una luz que dura minutos, son como huecos de trecho en trecho en una red muy tupida.

Si no se agota en ti la resistencia de la voluntad, ni la fuerza de las emociones, date tiempo a ti mismo para hacer las cosas y date tiempo para descansar, ni la frescura de los hondos manantiales de la vida, has conocido.

Los golpes te rompen la tranquilidad, toma el tiempo necesario para hacer y también para ser, si la indiferencia no te cierra las manos, Es en el baile de hacer y ser donde la espiritualidad se encuentra, y llegas al fin con capacidad de emoción, de llanto, de perdón, de luz, has conocido la tranquilidad, Por encima de todo recuerda que se necesita muy poco para llevar una vida feliz.

El Tiempo

Mi vida transcurre plácidamente y más teniendo en cuenta los últimos acontecimientos, me da por reflexionar sí forma parte del azar o sí todos tenemos un destino.

El destino se ríe a distancia de todos, de todo aquello que se escapa de nuestras posibilidades y limita nuestro poder sobre la vida. O por el contrario, es posible que el destino sea una suerte predestinada desde que uno nace. Una vida diferente es lo que ansío, hace vivir la vida llena de alegría, de deseos compartidos, de esas ansias de querer entender esta distancia, el presente forma parte del proyecto.

Feliz Día De La Madre

Desde aquí quiero rendir homenaje a todas las madres, especialmente a la mía, feliz día de la madre.

¿Te acuerdas cuando ella te llamaba a comer y tú te enojabas porque no te gustaba lo que había preparado? Esa voz que clama "Jesús, María y José" a todas horas y en todas las direcciones. Leí en cierta ocasión, que "Dios no podía estar en todas partes a la vez, y por eso creó a las madres".

Es un día especial para las madres, hoy se dirán las mejores palabras y se cantarán las mejores canciones, cada madre es un ángel que vela por nosotros por las noches y que da la vida por sus hijos, se desvive por ti por sus hijos, vemos a nuestra madre como algo sagrado e intocable, la madre es abnegada, sacrificada, capaz de quitarse el bocado de la boca, lo da todo por la familia.

El corazón de la madre es el único capital del sentimiento que nunca quiebra, y con el cual se puede contar siempre y en todo momento.

Pasan los años, pasan los tiempos, pero aún así siempre tendremos en nuestros labios esa palabrita que en la niñez tanto nos ha ayudado: mamá. Gracias por tu dulzura, por tu entrega, Sabes amar, cuidar, proteger, guiar y aconsejar.

GRACIAS MAMA

Encuentros y Desencuentros

Encuentros, desencuentros, espacios de vida, instantes de dudas, en caminos separados, hay veces que intentamos vivir unas vidas que no resultan nada fáciles, nos ponen miles de complicaciones y no somos capaces de averiguar, ¿por qué hay alguien capaz de hacer algo tan malo?, en fin siempre hay alguien que se dedica a buscar la manera más corta para llegar al camino más corto, triunfar, buscar un atajo.

Te dedicas a compaginar momentos, mejores, peores, pero momentos, nuestros al fin y al cabo, hay momentos especiales en los que deseamos recorrer el sendero afectivo que nos lleva hasta nuestros seres queridos, pero no encontramos las palabras justas que nos encaminen adecuadamente, momentos compartidos con nuestra propia vida, hay veces que no resultan fáciles de llevar a cabo. Hay momentos para todo, momentos para sonreír, momentos para soñar, para enfadarnos e incluso para llorar, momentos para reflexionar, para soñar, momentos para compartir, momentos.

Hay que guardarse para uno mismo, momentos de ternura y de magia pueden esfumarse entre nuestros dedos, jamás podrán prometernos momentos mejores que los ya pasados, tienes mucho, mucho más, momentos.

Ese Oscuro Cuerpo Del Deseo

Hay deseos que no nos dejan vivir en concordancia con nuestra vida, nunca dicen la verdad pintan un cuadro de fantasías de ilusiones, tus deseos pueden darte el color y la alegría de ser canción y melodía.

Si el deseo se arrincona entre la excusa, de la pared observaras y te darás cuenta, que ahí se queda olvidado en un rincón de tu cerebro y poco a poco aletargándose en un invierno largo y frio desaparece, nada tiene la importancia y sobrevaloramos todo lo que nos ocurre y eso nos hace preocuparnos por cosas que realmente no tienen tanta importancia, puedes deslumbrarte con sus casas y sus vistas, pero con lo que no te deslumbraras es con esa capacidad de dar amor, ese amor tan puro y verdadero Utilicemos la inteligencia podremos solucionar esos deseos que vas arrinconando en el baúl de los recuerdos, esos recuerdos que pueden ir haciéndose realidad dar el pasado en el cual se quedaron esperando a un tranvía al que llamaban deseo, hay que coger el tranvía en marcha pues el viaje de la vida ha salido y tiene su recorrido, lleva ya tiempo y en cualquier momento florecerán adversidades, que te encuentres por el camino, si lo enfilamos con paciencia, pueden llegar a buen puerto.

Curiosa la vida ese camino que nos conduce a lo largo de esa pequeña aventura que hoy comienza, navegando entre ríos grandes y pequeños y al llegar a la ciudad el tiempo sorprende con sus bellos momentos perfeccionando cada día nuestro modo de vida, llevar a cabo nuestros deseos y sólo por ellos puedo caminar haciendo que alguna vez yo pueda acompañarte donde los pensamientos destellan sin parar, nunca pensé que la vida me premiaría, me diera esas ganas de vivir, esa familia maravillosa que tengo, y esa nueva familia que sois todos vosotros, mis queridos amigos, MIS GRANDES AMIGOS DEL ALMA

Pide un deseo, yo no me opongo a nada, la vida es una enorme PARADOJA, tan grande, tan inmensa y tan paradójica. con susurros y suspiros encontrados, tienes razón es tan atípica, pero la larga caminata vale la pena, no la mía, la de todos, me dirás. Que eso es una gran paradoja, porqué la cabeza no siente como el corazón y el corazón no piensa como la cabeza.

Un Pedacito De Ángel

Todos poseemos un pedacito de " ANGEL", si pudiéramos percibir a nuestros ÁNGELES, este mundo sería distinta mira en tu horizonte si aparece una luz, afiánzate a ella, pronto veras que la oscuridad desaparecerá, recuerda que detrás de cada nube de lluvia se encuentra un sol radiante.

Por eso tenemos que practicar para ser cada día que pasa un poquito mejor y así no olvidarnos que muy dentro de nosotros laten las alas de un ángel.

Detrás de cada nube de lluvia se encuentra un sol radiante, relájate y tomate un rato a solas y relaja tu mente, tal vez algún lugar hermoso que te traiga recuerdos de la infancia, o imagínate frente a un lago tranquilo, contempla el paisaje y sumérgete en la calma.

Cuando tengas un mal día, siéntate a solas en tu habitación y en silencio, háblale a tu Ángel de la Guarda, ya sabes que todos y cada uno de nosotros tenemos un hermoso ser de luz que nos acompaña siempre, habla con él y aunque no escuches su voz, sentirás como te abraza con sus alas alejando de ti las malas ondas, los malos pensamientos.

Almas Gemelas

Me considero una persona sensible, todos tenemos un alma gemela, creo en el Amor verdadero, de dos almas que se reflejan, no entiendas al amor, vívelo, disfruta, saborea el momento de la emoción de cada latido de tu corazón, somos almas gemelas, somos seres complementarios viviendo y caminando en su propia evolución, primero tienes que hacerlo de forma individual, ya que el despertar de la conciencia y el crecimiento espiritual es responsabilidad de cada uno.

El amor se ha transformado en un sin fin de colores, busca entre la lluvia, por si tú también bajas del cielo con ella. Es así, el alma es la que ama, la enseñanza del paso transitorio por este lugar.

¿Quién ha visto alguna vez salir el sol cuando amanece, cuando un día nace? En las noches fundidas bailan los dos al son de un tango a media luz, como lo hacen la luna y el sol yo tu luna y tú mi sol. Los buenos sentimientos, el cariño, el amor, nacen casi sin darnos cuenta, es increíble cómo el simple reflejo de los buenos sentimientos pueden hacer cambiar tantas cosas en nuestras vidas, a todos nos llena y nos hace un poco más felices. Es realmente una vivencia fantástica, que parece sacada de un cuento, debemos lograr esa unión para alcanzar la felicidad que todos merecemos gozar, pero ante todo ¡¡¡¡Soy FELIZ!!!!!

Qué difícil es el camino

Cuando estamos en el camino de la encrucijada no es conveniente elegir camino, a veces pensamos que somos invencibles, pues lo que te puede pasar es que te pierdas y en lugar de salir te pierdas en los caminos oscuros, pensamos que nada nos puede parar, podemos con todo lo que se nos ponga por delante, es lo que pensamos y estamos en un error! que equivocados estamos!, somos más vulnerables que un pajarillo en alta mar, en un momento cambia todo, da la vuelta a la tortilla, el tiempo, la alegría, la salud, y no nos paramos a pensar que en cualquier momento nos puede ocurrir a nosotros, lo vemos lejano, como que no va con nosotros, y que los baches no los vamos a tener nosotros, pero que equivocados estamos.

Con el paso del tiempo te das cuenta que lo mas impórtate son las personas. Tienes la oportunidad de expresar tus sentimientos de no encerrarte y ser cabezota cada cual es cada cual lo más importante es la manera de ser y comportarnos hacia los demás, de estar con quien te necesita a cambio de nada, bueno si a cambio de encontrarte con una paz interior que vale más que todo el dinero del mundo.

Si pudiéramos de vez en cuando parar el tiempo, ese enemigo que no tiene compasión y cabalga a lomos de un caballo ganador pues siempre llega el primero cuantas cosas no haríamos, y cuantas haríamos, sin miedo a la vergüenza, sin miedo al qué dirán, solo escuchando a nuestro corazón, intentando buscar la felicidad nuestra y de quien nos rodea.

Dicen que nunca es tarde para rectificar, es de sabios pero a veces no sabemos ni como rectificar, ni como cambiar, no resulta fácil también podríamos dejarlo así y que todo siga igual, el mero hecho de cambiar la rutina nos asusta, somos animales de costumbres y a veces nos movemos como autómatas sin pensar que a veces lo mejor, parar reflexionar es cambiar el camino.

Bueno, esperemos que seamos capaces de parar, reflexionar unos instantes y contar si es necesario hasta diez y ver qué camino es el que nos interesa más, vale detenerse un momento a pensar, para más tarde decidir ¿no?

Tú das sentido a mi vida

Andando por la calle descubrimos tantas maravillas, es común evaluar nuestra vida así mismo nosotros debemos afianzarnos, creo que a menudo se disfrutan más las cosas que no se poseen, los arboles, los pájaros, las hormigas esos diminutos insectos que se mueven en la vida, al igual que una planta tiene sus raíces escondidas bajo la tierra, Las personas buscamos estabilidad en nuestras vidas, seguridad, paz.

Pero no podemos negar que la vida es un constante cambio un reguero de vida y unión y comunidad, cosas que pasan desapercibidas para nuestros ojos. Las cosas de la vida se disfrutan, se posean o no. Crecemos, maduramos, aprendemos, cambiamos, tu vida cambia, cambios no siempre agradables, pero cambios que ahí están, estuvieron y estarán, hasta el día en que dejemos este mundo, tendrá una huella dejada por nosotros y miles de cambios realizados en él durante nuestra vida y los que tengan suerte, el valor para cambiar uno mismo cada día.

Hay que afianzar nuestras raíces, cuando nuestras raíces son firmes y saludables no hay viento ni tempestad que nos derrumbe a pesar de las presiones de la vida diaria, vivo la vida lo mejor que puedo, con mis limitaciones, con mis temores, pero la vivo.

Sonría Por Favor

En este mundo vamos tan deprisa sin mirar a nuestro alrededor que no nos damos cuenta que lo mejor que hay en el mundo mundial es ir repartiendo sonrisas no tiene efectos secundarios y es muy bueno para la salud sale muy baratito siempre se ha dicho que no cuesta dinero, desgraciadamente todo lo mueve el dinero, tanto tienes, tanto vales.

Poderoso caballero es Don dinero, que bajo hemos caído y si supiéramos lo feliz que hace por un instante una sonrisa a la persona que lo recibe iríamos todo el día con ella puesta, gracias por regalarme con tu sonrisa

He decidido levantarme con la sonrisa puesta dar los buenos días sonriendo empezar la jornada con una satisfacción de los deberes cumplidos, saludar al vecino e interesarse por sus cosas, sus preocupaciones no pasar cuando alguien intente mantener una conversación

¿Os acordáis cuando los vecinos nos sabíamos la vida y milagros de todo el vecindario? teníamos a nuestra gaceta del barrio siempre nos tenia al día de lo que pasaba a cada uno de los vecinos. ¿Cuándo no teníamos que preocuparnos por dejar sin cerrar la puerta de nuestra casa?

Como te pusieras mala no hacía falta que fueras a la compra pues cada una te traía un regalito para que te mejoraras prontito y hacían de enfermera para que te curaras pronto, ahora ni se conoce a los vecinos, ni se les saluda, ni te saludan.

Conmigo se tienen que joderrrrrrr pues como persona educada que soy voy saludando a diestro y siniestro les doy los buenos días a la cara y bien alto me tienen que contestar y ya aprovecho y pregunto por toda la familia, claro si coincido otra vez y si es una conocida que ha dado la casualidad que la he visto más veces le pregunto el nombre y a la tercera me saludan solos jajajajajaj . Es que unos buenos días, hola o una sonrisa lo necesitamos todos, aunque algunos prepotentes sean también de este planeta. Queremos cuidar tu sonrisa.

Las Palabras

Cuando las palabras se utilizan mal depende de cómo se utilicen, son armas de doble filo, tan lejanas pueden parecerte. Deja que todo tu ser se inunde de tal agradable tesoro recuérdalo, cada minuto, cada silencio, sus nombres, hay en cada gota de emoción una lágrima a punto de quemarte las mejillas.

No permitas que tu corazón se quede a mitad del camino sin haberse curado, hay que echar fuera toda la tensión y estar en armonía contigo mismo cuando estés en el silencio de tus recuerdos, inspira, inspira profundamente sus voces, sus miradas.

Con cada gota de emoción, aspira toma aire, por todo el universo que quiere estar en tu conciencia y sé conciencia y sé universo.

Inspira toma todo el aire que quieras, rescata los recuerdos y quédate con lo mejor, lo incorporas nuevamente a tu ser interno y toda esa energía de aquel ayer al exhalar deja toda tristeza por los tiempos idos, realmente y cuando estés en el silencio de tus recuerdos, inspira profundamente. Ama cada instante vivido, utiliza el poder de la conciencia, extrae de tu interior los recuerdos respira, respira, respira.

Exhala toda la energía negativa que haya quedado en tu interior y deja marchar sin ningún temor, déjala volar en libertad que te hará mucho bien, respira, respira, respira y déjate ser, permite que hoy sea mejor.

Aspira todo el universo que quiere estar, en tu conciencia y sé conciencia y sé universo, la paz y la tranquilidad, verás que con los días todo estará un poco mejor. Pienso recordar mi verdadera esencia, un rayo de luz llegará a tu conciencia, sin saberlo has hecho el trabajo.

Hoy puede ser un gran día, cómo dice la canción, esperemos el pasar de los minutos y seguros dará el vuelco para mejor.

¿Merece La Pena?

Hay que hacerse esta pregunta, antes de enfadarse con alguien."¿Merece la pena? Yo también lo olvido a veces por eso es conveniente contar lo máximo posible, hasta que te tranquilices, no tardo en reaccionar. Pido disculpas, a las personas, que como un día dije, son las más cercanas y las que más quiero, con las que suelo fallar más. Ni soy un Ángel, ni tampoco un diablo, solo soy una persona con su corazoncito, como tú que me lees cada día, o pasas por casualidad. Yo no quisiera caer en el error, dulcificar, embellecer, calmar, parece fácil decirlo, pero lo difícil es saber aplicarlo y todo será mucho mejor.

Te Invito A Volar

Te invito a volar, vamos a dejar el mundo bajo nuestros pies, vamos a viajar por nubes de dulzura y amor, veremos los planetas y nuevos mundos a nuestros pies, dejaremos de existir para volver a vivir, el miedo ya no está, solo habrá paz, la luna nos guiará por ese cielo lleno de estrellas y sólo nuestro corazón nos dirá en donde parar.

Solos en un mar de amistad, tendremos que volar, vuela alto, vuela libre, vamos a conquistar nuestros sentimientos al llegar, ven te invito a soñar por nuestra libertad.

Quiérete, mímate

La verdad soporta muchas derrotas. La mentira ninguna.

Quiérete, mímate y siéntete bien contigo misma el sentimiento valorativo de la autoestima característica de una persona con adecuada autoestima, asume responsabilidades, se siente orgullosa de sus éxitos, afronta nuevas metas con optimismo. Se cambia a sí misma positivamente, se quiere y se respeta a sí misma. Rechaza las actitudes negativas, expresa sinceridad en toda demostración de afecto, se siente conforme consigo misma tal como es, no es envidiosa. Se ama a sí misma. Su fuente de afecto no se ve alterada por una opinión ajena, características de una persona con baja autoestima, desprecia sus dones, se deja influir por los demás, no es amable consigo misma. Se siente impotente, a veces actúa a la defensiva, dice tener la autoestima bien alta sin que nadie le pregunte. A veces culpa a los demás por sus faltas y debilidades. No se quiere ni respeta su cuerpo. A veces se hace daño a sí misma. No le importa su entorno. Se siente despreciado. Se siente menos que los demás. Suelen buscar pretextos por sus errores.

Un Periodo Oscuro Y Negro

Dicen que después de un periodo oscuro y negro siempre llega la luz, y la calma y se puede hacer frente, a un nuevo renacimiento.

Pero ese momento no lo eliges tú, por mucho que te empeñes, es cuando llega y te sientes preparada. Cuando sientas que puedes renovarte con las suficientes fuerzas para emprender ese nuevo camino, sin prisas y sin obstáculos que te lo puedan impedir. Mientras sucede, trata por todos los medios de:

No provocar "el momento" Yo, en esta ocasión noto que estoy cayendo en este error.

No caigas tú que me estás leyendo en lo mismo que yo.

Porque cuesta mucho salir del embrollo en que me veo metida, pero saldré del agujero, antes o después.

¡TENGO QUE SALIR!

Cada cual es como es y yo respeto la decisión de todas las personas.

Sed feliz.

El Sol De La Esperanza

Quería dibujar un paisaje con la paz y la tranquilidad, gozando de la sonrisa de un niño, también quería hacer partícipes a las nubes de algodón, que juegan al escondite con el sol.

Necesitamos que salga el sol dentro de nosotros mismos, el sol de la esperanza, del amor, del optimismo, de la paz interior; tenemos que forzarnos a nosotros mismos y, antes que nada, obligarnos a creer que el sol puede salir en nuestra vida.

El que desespera de todo, puede tener muchas razones y excusas, pero también algo de culpa porque penas, sufrimientos, apuros económicos, contratiempos, están repartidos en la vida de todos, pero ahí está también la mente, nuestra mente, para buscar soluciones a los problemas, y unos la usan y otros no.

Ahí están nuestras manos para trabajar, y unos les dan uso y otros no, ahí están las oportunidades que ofrece la vida, pero unos las buscan y otros se excusan diciendo que nada se puede hacer.

Yo no puedo controlar el clima de afuera, pero sí el interior de mi espíritu. Los problemas los pueden quebrantar, pero pueden fortalecerlo si los enfrentas como retos magníficos.

La Danza De La Vida

La vida es difícil, y la hacemos difícil porque no fluimos con ella, nos empeñamos en luchar contra la corriente. Un minuto que pasa es irrecuperable. Conociendo esto, ¿Cómo podemos malgastar tantas horas? Nos acostumbramos a vivir, luego nos acostumbramos a no mirar afuera ¿Cómo quieres vivir tu mañana, sin despedirte de tu hoy? Pocas veces nos damos cuenta de que desaprovechamos oportunidades.

Tus preferencias te impondrán la necesidad de luchar por ellas cualquiera que sea el precio que tengas que pagar.

En el momento en que inconscientemente dejas de tener preferencias, alcanzas un estado de paz profunda.

En realidad las diferencias están dentro de nosotros, cuando amamos algo, nos parece bello, si lo odiamos, nos parece feo.

Tanto si odiamos como si amamos no vemos la realidad, vivimos en un mundo de ilusión.

LA VIDA NO ES FÁCIL HAY QUE APRENDER PARA PODER SER FELICES Y DISFRUTAR LO QUE NOS OFRECE.

Luz Y Esperanza

Mi hijo Nacho ha pasado de Nivel es un niño muy inteligente, pero no tiene la capacidad de hablar, esto le hace que en muchas situaciones se sienta frustrado de no poder expresar sus sentimientos y nos quedemos en un escueto Papa, Mama, José, Miguel, Caca, Pis, Agua, Pan, Pilar, Manuel, Seis

Esas son las palabras que pronuncia y los entendidos de la materia nos han adelantado que poco más, va pronunciar, para mí es una situación frustrante.

Hay un método que se llama PECS, (Sistema de Comunicación por Intercambio de Imágenes) Pues así es cómo quieren que me comunique con mi hijo, en esa tarea estamos estos días, haciendo fotos de las cosas cotidianas y colocándolas en un álbum.

Se supone que Nacho se tiene que comunicar así que tengo muchos deberes que nos han mandado a los papas de Nacho en el cole, he vuelto a ir al cole.

Estos son los motivos de mi tristeza, mi padre cuestiona el método y mi manera de querer comunicarme con mi hijo, me ha retirado la palabra es más dice que soy una inútil y no sirvo para nada y eso duele.

Una nueva esperanza

Una nueva esperanza, ese amor que puedes vivir, la magia de ver brillar el sol, nada ya es imposible, un nuevo comienzo, hoy empieza un nuevo amanecer.

Atrás quedaron las penas, las desilusiones, atrás quedó los desesperanzas que tú puedes sentir.

Tú estás ahí puedes sentir la nueva brisa, ese amor que puedes acariciar, porque Dios ha puesto el milagro del amor, ese amor que nadie más puede sentir, ese amor, eres tú.

No sientas nostalgia por aquello que pasó, todo llega en su justo momento.

En una sonrisa

En una sonrisa pueden esconderse todas las respuestas, todas esas espinosas repuestas que dan sentido a tu escueto universo.

Un universo desangrado por momentos hilvanados con la mejor intención, momentos que se llevaron todo consigo en su camino al más allá.

Ahora te encuentras ante una de esas muecas ambivalentes preguntándote si podrías volver a ser aquel que te lleno de tanto orgullo, pues te tiembla la suicida ilusión en un sinsabor de difícil digestión infectándote con cada nueva bocanada de aire, desarmándote ante cada nueva posibilidad.

Razones con demasiada razón, sentimientos vacíos y sentidos cargados forman fila ante tu oído para susurrar su eterna e ineludible verdad, una verdad que aprendiste a duros golpes y que las cicatrices de esos golpes no te dejarán olvidar pero en algún rincón debe estar la vida desarmándose en una carcajada repleta de ironía, porque sabe que esa verdad nunca alcanzará para saciar tu sed y que las preconcebidas y seguras "recetas" nunca fueron de tu paladar.

Y allá vas, pues estás irremediablemente perdido de nuevo, como siempre, como ya lo sabes, como ya aceptaste hace demasiado tiempo esas ajenas sonrisas no te dejan claudicar, porque, bien adentro, sabes que sólo en ellas se esconde tu verdad.

Otro Nuevo Día

Un día nuevo comienza, me desperté con un mismo pensamiento y deseo, sonreír, mi lucha interior es fuerte mi lucha cotidiana, no quiere dejar espacio al desvelo y desconsuelo, otro nuevo día, otro nuevo amanecer consigue entreabrir la puerta y dejar la alegría entrar, aunque solo sea una pequeña rendija, vivir, luchar y observar la luz del día, mi sentir y mi objetivo, mi carácter, me afecta de tal modo que anula mi voluntad, pero mi fuerza empuja otro día para agradecerle a Dios, este nuevo día para gozar y vivir.

Los Días, hoy es uno de esos días que no nos encontramos nada bien es por eso por lo que quiero decir, Los días no son todos iguales, hay unos llenos de luz, otros oscuros o de un gris melancólico, aunque el mar a veces esté revuelto, dejará tesoros en sus orillas.

Hay otros días que tienen un toque un poco más claro, hay unos alegres, otros llenos de problemas, penas, complicaciones, angustias económicas, hay también, días en que nada nos importa, estamos apáticos, sólo nos apetece sentarnos a tomar un rico sol, leer un buen libro, escaparnos del mundo cotidiano y escuchar una música deliciosa y descansar.

Lo más difícil de aprender en la vida es qué camino debemos tomar y qué puente has de quemar.

La paz presupone lucha

Hay días en que uno se despierta como si tuviera un nudo en el estómago una angustia existencial que invade el cuerpo y los sentidos son como un cúmulo de sensaciones desordenadas que se apoderan de uno lentamente hasta dejarnos inmóviles sobre la cama, hoy me siento mejor que ayer, tengo mejores noticias dentro de la gravedad, dicen que uno se agarra a un clavo ardiendo, en fin mi padre ha mejorado bastante está más tranquilo y más animado el lunes le van hacer más pruebas y mañana iré a visitarle por la mañana hasta la hora de la comida, hay días que quisiera ser más fuerte y que no nos hirieran tan profundamente, que dejaran de sangrar nuestras heridas y no nos dejaran a la deriva en un mar de incertidumbre hay días como hoy que me da rabia ser consciente de que la vida no es justa que exista un miedo natural y sano, pero hay una forma de temor que rechazo y al que me resisto a obedecer. Si nos paramos a pensar, nos daremos cuenta de que todo en la vida son pequeños detalles y que los grandes hechos a veces nos deslumbran tanto, que nos impiden ver esos pequeños milagros que nos rodean cada día y que al sumarse pueden hacer diferente nuestra existencia lo que me ha hecho pensar que en la vida muchas cosas dependen de la actitud que tomemos frente a ellas y que de nosotros depende mantener la serenidad y la calma aún en plena tormenta y sólo así, luchando contra viento y marea, podremos conseguir esa paz interior que tanto anhelamos, esa paz que nos llena el alma y el corazón de magia, de amor, de ilusiones.

Nada en la vida es blanco o negro, nadie tiene única verdad. Pero a veces, sin darnos cuenta, interiorizamos una serie de valores y de normas que creemos que son inamovibles, y que al final nos acaban limitando.

Sentimientos

Es imposible no conmoverse, más cuando se trata de alguien cercano y al cual amamos ¿Verdad que uno se siente impotente? así me siento yo amigos sin poder aliviar o solucionar nada y con la angustia de que no puedo hacer nada.

Estoy en mis quehaceres cotidianos, pero mi mente y mi corazón están en otro lugar. Mi rostro dibuja una sonrisa y de mi boca salen palabras a mi padre que la hacen feliz y sus palabras llenan mi persona de una luz que iluminan mi alma en este momento, pero por dentro mi congoja es grande y mis ganas de seguir trabajando nula.

Tengo que seguir y así lo voy hacer, por mi familia, por mí, que tengo ahora que llevar a buen puerto muchas situaciones las cuales son trascendentales en mi persona y mi vida.

Bueno amigos, he hecho un paréntesis en mis labores diarias porque quería hablar y desahogarme un poquito. He compartido y me siento mejor, cuando pueda os visitaré, ahora solo puedo escribir y apartar lo malo por un momento hacia otro lado, muchas gracias, buen día y muchos besitos de vuestra amiga.

Ser o no ser

Ser o no Ser he aquí el dilema, muchas veces veo que la mayoría de las personas o la gran mayoría les cuestan ser ellos mismos.

Yo hace mucho que decidí que sería yo misma pesara a quien pesara porque estaba harta de dejarme llevar por lo que los demás opinaran, dijesen o escogiesen.

Hoy me siento bien conmigo misma de haberlo logrado pero sé que del todo no soy yo misma puesto que después entra el tema de que ser sincera también puede hacer mucho daño y pienso que si ese daño se puede evitar ¿Para qué hacerlo? ¿Para qué ser tan sumamente sincera? ¿Es necesario?

Antes pensaba que era mejor ser sincera pero sin pasarme para evitar así hacer mal a los demás pero resulta que llevo un tiempo viendo como los demás si se sinceran conmigo sin fijarse en el daño que me pueden causar o no y ahí es donde yo ahora digo: ¿¿Ser o No ser 100% sincera??.

Danza con la vida

Recobro mis energías, un nuevo Renacer surge débilmente entre las rendijas de mi universo ¿Cómo poder alejarme de quién me ha regalado tanto poder? Me siento afortunada al tener privilegios que muchos quisieran para sí, como quisiera pasar la mayor parte de mi tiempo, ¡danzando con la Vida! Poder cantarle al Universo bellas canciones de amor, que se escuchen hasta en los más recónditos lugares y que mi canción los capture con su magia, se impregnen de ella y todo lo amargo sea olvidado que las miradas se conviertan en una ansiada complicidad y que día a día, renazcan esos amantes de antaño en dónde existía el romance, la pasión la osadía!

Cada día, este maravilloso universo me impregna de más sabiduría, ¿cómo temer al dolor entonces? la Naturaleza es mi aliada es mi consejera y es mi maestra, sólo me guío y me instruye por los caminos más diversos de la humanidad y es por lo que ella me transmite y ¿Qué me transmite? Mucho Amor, comprensión, generosidad, justicia, bondad, son semillas que deben germinar en mí, para multiplicarlas por este planeta llamado tierra y que la música me envuelva y me lleve a lugares soñados, lugares en donde el mundo sea de aromas, sus paredes de suaves telas y con muchos colores, ondeando al viento, rodeada de altivos y robustos árboles, ofreciéndome la tentación de sus frutos, el lecho de un río para descansar, sólo a la luz de la hermosa luna y sus estrellas, caminar descalza para recibir la fuerza de nuestra hermana tierra y luego ver cada huella mía, marcada en el tiempo.

Quisiera danzarle a la Vida y entre vaivén y vaivén, rozar los cuerpos de aquellos que me observan, percibir sensaciones, abrazar, hoy he crecido en el dolor, pero queda el recuerdo de lo "bello", porque todo lo posterior, empieza a borrarse de mi alma, la que es inédita, aquella que provoque mi exaltación, porque solo así, sabré que es tan anhelado.

Quisiera danzarle a la Vida, con mi pelo alborotado y una sonrisa eterna en mi rostro y esa suave brisa rodeando mi cuerpo sacar mis alas y volar, buscando lugares en dónde haya. ¡Paz y Felicidad!

Subirnos a muchos árboles, bañarnos en el río, jugar como niños despreocupados y luego, como un secreto decirles ¡Que esto será un continuar!

Despertar en ellos los buenos sentimientos, para que salgan a la luz y con la mirada ya despejada, se maravillen de lo grandioso que es este universo, que cada día nos envía hermosos regalos y están allí, al alcance de la mano.

Quisiera danzar no sólo con melodías, sino además con palabras y acciones, una entrega total en su sabiduría, y llegar a tantos y así escuchar lo que dice tu corazón

¡Danza con la vida, en vez de controlarla!

Pensamientos

Muchas veces la vida, es como el vuelo de un ave, su agitar de alas, es de forma muy estrepitosa, el mío es silencioso me voy metiendo, haciendo el camino, no hago ruido, pero mi vuelo va siendo más difícil las caídas suelen ser más grandes y todo lleva a un nuevo aletear, comenzamos de nuevo y es un comienzo corto poco a poco hasta elevar de nuevo el vuelo. Buscando mi hábitat regreso al lugar que me nutre, recobro mis energías y vuelvo a nacer a renacer, mi alma no quiere acumular rencores la he ido limpiando, pobre alma mía ¿Se acostumbrará a mis vaivenes? Realmente he nacido para amar sin cuestionar, siempre quiero avanzar, para que cada proceso vivido, no sea en vano, todas las respuestas están en tu entorno, sólo debemos observar

En muchas ocasiones me he sentido que camino sin rumbo, a veces nos preguntamos por qué las cosas no salen como uno quisiera, la vida es una cajita de sorpresa, nunca sabes que es lo que te va a ocurrir, estoy en un proceso de transición no es fácil, porque este mundo te quiere volando inmediatamente, no tiene paciencia, no te da tiempo a reaccionar, soy la última en avanzar y tengo la impresión que me dejo en el camino muchas cosas interesantes, recibo recriminaciones, disfrazadas, palabras hirientes e incluso un vacío sin razón me han dicho de todo menos bonita "Me gustaría que me dijesen las cosas claras hasta hay quien me manda correos y dudan de mi intelecto, no entiendo porque soy objeto de burlas, mi mente viaja por otros mundos y siempre me pillan en la "luna pero hay veces que dejo que mis emociones "arrasen" con mi cordura, es algo incontrolable.

Alguien por ahí me hizo un comentario, no pongas cómo te sientes, otras personas lo leerán y disfrutarán ¿Por qué ocultarlo digo yo? ¿Qué disfrutarán?, me apena saber que existen personas que crecen en el dolor ajeno y me apena bastante que solo puedo poner cosas alegres me siento estafada, creí, creí y creí ¡Cómo tantas veces creo! y lo seguiré haciendo, porque no soy yo la que debo cambiar, yo amo y me entrego confiada en que mi corazón está en buenas manos, ¡Cuántas manos quisieron ayudarme! Mis delicadas manos han hecho todo lo honradamente posible para subsistir, me observaban y se quedan i impasibles ¿por qué hacer esto? porque esto, es fruto de mi esfuerzo y me mantiene digna, para poder mirarme a un espejo y enfrentar orgullosa a mis hijos".

Si no cambié antes, menos lo haré ahora, que ya he pasado los temporales más fuertes.

Creo en el Amor y en las personas debo pisar terreno firme hoy he decidido que debo detener mis pasos y pensar detendré por un tiempo mis reflexiones, para visualizar mejor los resultados de mi nuevo caminar. Ya es hora de poder sortear los obstáculos, ya es hora de mantener el control.

Hoy puedo elegir

Quiero comenzar esta semana con la intención de convertirme en la persona que me gustaría ser y reservar tiempo para mí, para planificar, para soñar, para ser sincera conmigo misma, si nos paramos a pensar, nos daremos cuenta de que todo en la vida son pequeños y que los grandes hechos a veces nos deslumbran tanto, que nos impiden ver esos pequeños milagros que nos rodean cada día y que al sumarse pueden hacer diferente nuestra existencia.

Quiero aprender cada día algo nuevo del mundo que me rodea, de las palabras que leo, de los sonidos que oigo, de las sensaciones que tengo, de las caras que veo, de los olores que percibo, En las relaciones no hay cosas pequeñas, únicamente existen las que se hicieron y las que no se llegaron a hacer y estas últimas sólo se quedaron en buenas intenciones...

Quiero pensar en las personas que quiero y me reconforta saber que ellos me reservan un lugar especial en sus corazones.

Quiero dar gracias sinceras por la salida del sol, por los abrazos, por los buenos momentos, por las sonrisas, pero también por las dificultades y sufrimientos porque también han contribuido a hacer de mí la persona que hoy soy.

Quiero recordar que tener sentido del humor me ayuda a sobrevivir y que, aun cuando todo me sale mal, resulta mucho más reconfortante sentirse simplemente feliz de formar parte de este momento, no existe un día más hermoso que el día de hoy, el día de ayer pudo haber sido un hermoso día pero no puedo avanzar mirando constantemente hacia atrás, corro el riesgo de no ver los rostros de los que marchan a mi lado.

Quiero ESCUCHAR MI VOZ INTERIOR e intentar cumplir sus instrucciones lo mejor posible.

Mis queridos amigos, deseo que también vosotros intentéis escuchar vuestra vocecita interior y os dejéis guiar por vuestros corazones.

¿Por Qué A Las Mujeres Nos Llaman Brujas?

Porque podemos sobrevivir a pesar de las hogueras que la vida nos presenta a diario

Porque llegamos a fin de mes haciendo malabarismos con el dinero.

Porque estamos al mismo tiempo en varios sitios: cuidando de los hijos, haciéndolas camas, lavando la ropa, planchando, sirviendo la cena, haciendo las tareas escolares con los niños, chateando con los amigos, repartiendo amor

Porque tenemos el don de curar cualquier herida del cuerpo o del alma.

Porque podemos volar hacia el lugar donde nos necesitan.

Porque hacemos desaparecer la tristeza con el pase mágico de la sonrisa.

Porque tenemos la capacidad innata de hechizar a aquel hombre especial.

Porque somos varias personas en un solo cuerpo hija, hermana, esposa, madre.

Porque vemos el futuro proyectado en nuestros sueños.

Porque creamos la fantasía en la imaginación de un niño.

Y porque con el don de la fascinación conseguimos más cosas y una muy importante:

Porque levantamos ciertas cosas sin tocarlas.

POR TODO ESO Y MUCHO MÁS SOMOS BRUJAS JAJAJAJAJAJ.

La melodía de la vida

La vida es la sinfonía que bailamos de distinta manera, se ha demostrado que somos capaces de recordar melodías que hemos escuchado dentro del vientre materno, la música es parte de nuestras vidas, nadie olvida las canciones de su infancia e incluso antes de nacer forma parte de nosotros.

Ni tampoco las que escuchamos en las distintas etapas de la vida. La música nos acompaña en los buenos momentos, ¿Quién no tiene una canción favorita? Está presente en nuestros quehaceres diarios con sus sones alegres y en los momentos tristes Preguntarse por la música es adentrarse en ese mundo, en el fondo es preguntarse por uno mismo. Cada uno la siente y percibe de forma distinta, cómo mostramos de distintas maneras nuestros comportamientos en distintas situaciones, se ha comprobado que todas las manifestaciones musicales del mundo tienen la misma base emocional que es percibida por cualquiera una buena cumbia de Aniceto Molina o Amparito Jiménez, despejan los negros los momentos tristes que a veces se empeñan en aparecer. Vivaldi, Mozart, Chopin, etc. son mis amigos en las buenas y en las malas. Junto con mi fiel compañero, los libros, la música me han dado mucha alegría, son mis ayudantes en la crianza de mis hijos a quienes entretengo con mis lecturas y mis canciones desde que ellos eran pequeños.

Cantar eleva el ánimo quita tensiones y es bueno para la salud, por eso digo que la fuerza de la música es tan grande, que puede elevarnos, creo que antes de nacer ya

Así soy yo

Si fuera palabra: Amor
Si fuera número: Cinco
Si fuera bebida: Agua
Si fuera animal: Perro
Si fuera pájaro: Golondrina
Si fuera una zona del cuerpo: Los ojos
Si fuera flor: Tulipán
Si fuera una película: Magnolias de acero
Si fuera una fruta: Piña
Si fuera un recuerdo: Mi niñez
Si fuera un insecto: Mariposa
Si fuera un color: Azul
Si fuera un sentimiento: Compresión
Si fuera un sentido: El olor
Si fuera una fecha: Mi nacimiento
Si fuera un juego infantil: El escondite
Si fuera un planeta: Mercurio
Si fuera algo del baño: Jabón
Si fuera un instrumento musical: Arpa
Si fuera una figura geométrica: Un círculo
Si fuera un idioma: latín
Si fuera uno de los 7 pecados: La lujuria
Si fuera un día de la semana: viernes
Si fuera una prenda de vestir: No lo sé
Si fuera un país: Egipto
Si fuera una comida: Exótica
Si fuera una frase: Te quiero
Si fuera una canción: Mediterráneo
Si fuera una virtud: Sinceridad
Si fuera un mes: Septiembre

¿CÓMO ERES TÚ?

Limpieza del alma

Esta tarde me he puesto hacer limpieza y mirando he descubierto fotos que guardaba y que ya ni siquiera me acordaba.

Hay tantas cosas que soñaba y que iba guardando en mi baúl, guardé muchas ilusiones, guardé muchas esperanzas. Pero mientras comenzaba a revisar los recuerdos sentía una gran alegría y también una gran añoranza, los recuerdos vienen a mi encuentro, tengo guardado en mi baúl, amores, dolores, nostalgias, penas, alegrías, viene a visitarnos las fotos de mi abuela que tanto quería, son pedazos de vida, de mi vida.

Confieso que me gustan los abrazos largos, soñar despierta reconozco que tengo muchos defectos, no soy lo suficientemente fuerte como me gustaría ser ni lo suficientemente seria en algunas cosas, no puedo dejar de sentirme nerviosa en algunas situaciones, reconozco que tengo muchos miedos y que soy muy llorona, las decisiones marcan nuestros actos, diario tomamos una decisión, desde cómo vestir, que comer, qué hacer, porque ser feliz, depende de mí.

Desde aquí, desde este lugar que mantiene mis sentimientos, desde este umbral de amor, desde este humilde corazón, les digo, gracias amigas, porque me enseñaron a compartir, porque me permitieron compartir su vida, hemos llorado juntos y hemos reído juntos. Un cariño muy especial ha florecido desde mi ser por cada uno de vosotros, porque aunque parezca fácil otorgar confianza a personas a las que sólo se les conoce por sus letras, no lo es, y vosotros mis amigos del alma, me habéis regalado la más grande de todas las deferencias, confiarme lo más íntimo de vuestras vidas, y eso es algo invaluable para mí, porque hemos aprendido y crecido juntos, compartiendo penas y alegrías, no hay nada mejor que estar rodeada de amigos de buenos amigos, gracias amigas no os olvido.

Los Miedos

¿Conoces a alguien que jamás haya tenido temor a algo?

Todos hemos tenido miedo en algún momento de nuestra vida. Tenemos miedo porque nos falta confianza y la seguridad en nosotros mismos, en nuestra capacidad, en nuestras amistades, en nosotros en general, vamos dando tumbos y pasos de ciegos. La falta de confianza también es una forma de auto protegernos, de evitar que nos hagan daño.

La única forma de superar nuestros temores es aprendiendo a confiar. Tenemos miedo al cambio, al futuro, a lo desconocido, a equivocarnos, al ridículo, a lo nuevo, a los riesgos, al éxito, a la enfermedad, pobreza, vejez, muerte, etc. Nos aterra la idea de que la gente sepa quiénes somos realmente o incluso qué es lo que necesitamos y lo que necesitamos es estar arropados por nuestros seres queridos, por nuestras amistades, en general por un entorno de paz y armonía, que nos dé ese equilibrio.

Cuando nos encontremos en una situación que nos asusta, pensemos en que no nos estamos ayudando ni queriendo a nosotras mismas, ni estamos confiando, lo cual va a interferir, hay que mirar al mundo con confianza, hay que ser positivo, nunca negativo

Feliz Cumpleaños Nacho

Dice tu calendario, que hoy es tu cumpleaños hoy haces siete años, siete años que llegaste a mi vida, hoy cumples siete años de existencia, has sido el mejor regalo que me ha dado la vida. La vida te sonríe, porque tú eres sonrisa. Me parece mentira cómo pasa el tiempo, en ocasiones veo a mi hijo y me resulta difícil creer que ese niño es mi hijo, lo veo y lo veo y me hago la pregunta: ¿es mío? Fuiste el primero en venir, fuiste un niño muy deseado y un niño muy especial, eres para nosotros, el aire, el cielo, el universo, pues nos das tu alegría, y nos brindas amor.

La sensación de ser mamá y la responsabilidad de tener a tu cargo, una personita te cambia la vida no solo la rutina, sino la manera de ver el mundo, te hace más consciente de las necesidades de otros y sobre todo, te hace más sensible. La verdad es que me parece mentira como pasan los años... Hoy por ti seremos como niños, haremos brindis, de caramelos, piruletas, bombones y globos.

FELICIDADES NACHO

Tu amistad una bendición

Me siento protagonista de mi vida, de cada instante, las realidades más grandes y más bellas las vivo en este presente, cuando me miro al espejo, ya no busco a la que fui en el pasado, sonrío a la que soy HOY.

Quiero gozar de la flor que se abre cara al cielo. Gozar teniendo todo, sin poseerlo y sin retenerlo.

SOY PRESENTE, SOY MUJER" Simplemente, soy así.

A lo lejos veo un horizonte lleno de esperanzas que se escabulle de las nubes, destellando rayos luminosos e irradiando los rostros de cada uno de vosotros, con él vi nacer mis pensamientos: Y todos vosotros estáis en ellos.

El inmenso cariño recibido, era el principal regalo por agradecer, vosotros sois mi regalo, porque yo no sería quien soy aquí en este pequeño rincón, sino fuera por todos y entre todos, mi gloria, mi suerte. Entonces me recubrí de fuerzas al saberme querida por corazones que a lo lejos imagino tener la presencia misma del ser en la cercanía, os llevo en mi corazón.

Y como alguna vez he dicho, hemos construido, un cálido puente en la distancia que nos mantiene unidos, comprometidos con nuestro sentir.

La esencia del amor

El amor sentimiento maravilloso instrumento musical que contiene una música grandiosa, dormida, pero está allí esperando esos momentos de ser despertada y escuchada, cantada, interpretada. Su gran secreto, está en confiar, pero confiar de pleno, en la bondad del universo, en nuestras propias capacidades y en el poder divino. Hay veces, que vamos caminando con mucho temor y nos rodeamos de una barrera invisible y nos encargamos en poner un cartel que diga bien clarito "prohibido pasar de esta línea ¡Es solo a través del AMOR que esta música comienza a cobrar vida!

Pero el amor no es una palabra solamente que pronunciamos con mucha facilidad y ligereza y no sale de nuestro corazón.

Pero ¿qué es el AMOR?

Es una profunda necesidad de ser Uno con el TODO y paradójicamente conservar su propia esencia, es un deseo de nutrirse espiritualmente, de enraizarse con la existencia, no tiene ningún propósito, no es egoísta no persigue ningún fin simplemente es, existe sin razón alguna, es experimentar el espacio más hermoso dentro de uno mismo y dejar que fluya hacia el exterior, impregnándolo todo tiene la capacidad de hacerte sentir y transmitir ese sentimiento tan bello que es lo mejor para regalar, es lo único que se da con mucho gusto y recibes con más.

Amar es algo natural casi como respirar, es algo innato, para amar nacimos, el que ama no exige, pide y ofrece pues desde el principio se cierran las puertas. No esperes perfección, descubre sus dones, pues todos tenemos esa capacidad de amar. Por último, abre tu corazón y tus sentidos a lo que te rodea y descubrirás en ese todo las miles manifestaciones del amor en su más pura expresión.

Escritos del alma

En el fondo soy una tremenda cuestionadora de la vida, me gusta investigar y buscar un camino, el mejor que me ayude a seguir por las distintas sendas que te marca la vida...Es algo que aflora naturalmente. Cierto día me dije ¿Qué harías con un muy buen amigo? no me cabe duda, a los amigos hay que mimarlos y cuidarlos, ayudaría en lo que estuviera en mi mano, le respondería con una misma calidad de amistad, estaría con él en los momentos malos y buenos, jamás esperaría que me pidiera ayuda, porque sabría estar allí en el momento oportuno, nuestra comunicación sería a través de señales, esas señales que nacen del alma y continúan en un día a día, le daría los mejores consejos, siempre y cuando él me los pidiera, sabría de mis gustos y obviamente, yo conocería los suyos, sus sueños, sus anhelos, sus miedos.

Para un día especial, sabría qué obsequiarle, es muy importante conocer los pequeños detalles, dar por seguro que me acompañaría hasta el fin de mis días y que siempre estaría allí, y si algo hecho mal, me lo diría, muy sutilmente.

Entonces fue que llegué a la conclusión de ser "mi mejor amiga, quererme, tal como soy, aceptarme, con mis cualidades y defectos, tratar en lo posible de cambiar aquellos que me impedían avanzar en armonía, he aprendido mejor a escuchar a mi cuerpo, esa vocecita que está dentro de cada uno de nosotros y que de vez en cuando hacemos oídos sordos, aceptar sus consejos, supe cuando no obraba bien, porque me lo hacía saber, porque mi cuerpo reaccionaba frente a aquello que se salía de todo equilibrio, mi cuerpo se altera y no se encuentra cómodo ante una situación incómoda, como mis dolores de cabeza, eran mis gastritis, era un "preocuparme" por algo que aún no ocurría, ¿por qué preocuparse por algo que no ha pasado? Puede incluso que no suceda, someterme a situaciones de presión no merece la pena, era yo la persona más importante. De un día para otro, supe con qué alimentarme, sin seguir dietas, supe como tener otra visión de la vida, supe amar a todo lo que me rodeaba, me envolvió una Paz infinita, mi intuición se agudizó a tal punto, que lograba captar lo verdadero de lo falso, veía la verdadera esencia de todas las cosas, mis sentidos se potenciaron a tal punto, que me bastaba con oler, tocar, mirar, escuchar, probar y ahí estaban todos ellos, en su máxima expresión. A veces siento cómo me miran, pero es algo con lo que nací, nunca acepté tecnicismos debía experimentar sentir, maravillarme, sorprenderme, y así sigo mi camino, conversando conmigo misma, y a veces muy tranquila y otras menos pendientes de esas señales que vienen de adentro, son las señales que me llevaron hacia ti amor, fue mi cuerpo el que habló, muy pronto lo entenderás, muy pronto.

¡Te amo, Manuel!

Más allá de la realidad

Actualmente estamos viviendo una crisis más que económica una crisis de valores, de responsabilidad, de resistencia y de credibilidad, estamos haciendo de la calle la jungla de asfalto y lo malo es que nos estamos acostumbrando y cada vez nos hacemos menos sensibles a los acontecimientos que pasan en la casa de mi vecino. Estamos construyendo un mundo donde lo único que importa es el yo y mientras no tenga que ver conmigo Estamos ante un mundo de "condicionamiento operante" queremos todo a control remoto y de inmediato, caiga quien caiga y todo lo que hacemos conlleva un interés, ¿si hago esto que voy a recibir a cambio? ¿Dónde quedo la generosidad y el respeto? ya no estamos dispuestos a invertir tiempo, dinero, esfuerzo, sufrimiento, dolor en un proyecto, en una meta, en un ideal, en una nueva actividad porque no valoramos lo que tenemos

Muchos jóvenes de hoy se quejan ante la más mínima eventualidad de la vida, estamos haciendo jóvenes sin inquietudes y sin ambición, para que si ya lo tienen todo, no están dispuestos a pagar el precio de una enseñanza, de una experiencia, vivimos en la era del sálvese quien pueda, no importan lo demás. A caso hemos perdido esa sensibilidad hacia nuestros semejantes, hacia nuestras costumbres, hacia nuestros ideales, En pleno Siglo decimos con tanta facilidad; voy a renunciar a mi trabajo porque no me "gusta", he decidido hacer esto porque no aguanto más esta relación es muy común escuchar "ya no aguanto a mis hijos" porque son insoportables me voy, "es muy triste pero" el resultado de todo esto es que no sabemos valorar lo que tenemos hasta que lo perdemos, hay tanta gente necesitada, tantos niños con la vida destrozado con solo 4 años de edad.

Que no tienen ni agua ni ningún servicio básico en su casa mucho menos AMOR.

El tiempo es un elemento precioso y desgraciadamente es un recurso no renovable. Cuando hemos gastado o malgastado nuestro tiempo en sufrir sabiendo que hay solución al problema, pero los medios que disponemos son insuficientes o están mal repartidos.

El tiempo es mucho más que el oro, el tiempo es el material con el cual está hecha la vida. Usemos nuestro tiempo sabiamente, y valoremos lo que tenemos abundante o escasamente. Hay que saber dar, amar, reír y construir a tiempo y aprender que debemos valorar lo que tenemos y hay que saber cuidarlo porque dependemos de eso.

Transformación

Me siento un poco extraña, hay veces que puede más el sentimiento, este sentimiento que te puede llevar a la incertidumbre a la deceleración de no saber dónde ni cómo van a suceder las cosas, hoy vi lágrimas en los ojos de mi padre, su voz se entrecortó cuando le pregunté cómo estaba, no pudo contestar y yo entendí, mi alegría mezclada con mi nerviosismo de ver a mi padre de nuevo me dio fuerzas para darle un abrazo y transmitirle mi amor.

Todos, en algún instante de nuestras vidas hemos dejado huellas en el tiempo. En nuestro caminar, muchos solemos reconocernos, es un lazo invisible que nos une a través de generaciones, hemos cometido errores, errores que en el tiempo no se han solucionado los vamos aplazando y han quedado grabados en nuestra alma. El secreto del amor consiste en saber aprovechar adecuadamente tus propios valores, tener paz interior es más importante que luchar. Vivir no es fácil y más aun cuando nos lo complicamos nosotros, porque va a depender de muchos factores, para que exista la "armonía" Mi Mundo hoy se ha transformado, porque las personas que tienes a tu lado se lo merecen, es una decisión netamente personal.

Hoy mirando el rostro de mi padre le vi cansado pero con la satisfacción de ver sus deberes cumplidos, es la luz a la que yo siempre me he referido, esa luz propia, inmersa dentro de cada uno, que mana a través del verdadero amor logró aflorar y desde lo alto del cielo Dios dice lo lograron es hora de que comiencen a sellar en el tiempo, este encuentro.

Reflexiones y sentimientos

Sembraré una sonrisa para que haya más alegría. he procurado guardar un poco de aquella inocencia, esa que de niña me hizo ver el mundo lleno de magia y amor, esa inocencia en lo que todo es posible, en la que el mundo de las hadas y los duendes cobran protagonismo, donde los malos, no son tan malos.

Ahora, cuando la vida me ha cobrado años, busco en mi interior, y encuentro aquella pequeña en un rincón de mi corazón, pidiendo auxilio pues en muchas ocasiones la dejo encerrada castigada sin preocuparme, que de vez en cuando tiene que salir a jugar

La mañana se va llenando de una carrera que marca las prisas, la multitud de gente me recuerda que marchan hacia sus tareas diarias, esperando en la parada del autobús con mis ñajos, me he dado cuenta que muchos nos son felices y siempre van con la misma aptitud resignados, porque no tienen otra solución, van pensativos y con la vista perdida en la lejanía.

Las calles se llenan de estudiantes, trabajadores y gente desempleada que se afanan por llegar al lugar esperado, la prisa se contagia y también el nerviosismo de los coches, pitando nerviosos pues van a llegar tarde a su destino, tanta es la prisa que el tiempo no es suficiente para detenernos a mirar el interior del ser humano que nos rodea, ese interior que pide a voz en grito un poco de calma, un poco más de racionalidad, nuestros ojos se conforman con fijarse en el exterior solamente, así nos va todo nos estamos volviendo muy superficiales, el amor se ha convertido en sexo y lo más importante la llama que mantiene ese fuego lo hemos matado entre todos.

Comentamos el gesto huraño de alguien que pasa farfullando cosas sin buscar la causa que lo provocó y transcurre el día y no hemos mirado el interior del amigo que nos acompaña diariamente, si nos necesita cuando le vemos que esta triste y lleva días sin sonreír.

Deberíamos jugar a descubrir lo hermoso de la gente, la bondad de su interior, cada ser humano tiene un pedazo de Dios dentro, solo es necesario saber buscarlo bien, pues a veces está muy escondido.

¡Es lo que debería llamar nuestra atención diaria!

En lugar de ver el gesto agrio de alguien, entendamos el valor que tiene para resistir las tensiones provocadas por situaciones que no conocemos, estamos viviendo en un mundo donde se están perdiendo los valores de lo cotidiano, pararte con tu vecino, o con el tendero, yo me acuerdo cuando iba a comprar con mi madre, se conocía a todo el mercado, ahora cuando voy a comprar, al supermercado, me conozco el nombre porque tiene una tarjetita que lo indica, pero no porque la conozca de hace tiempo.

Todos los días son buenos para comenzar a descubrir sonrisas hermosas manos hábiles, actos valiosos, espíritus valientes, luchadores incansables y dispuestos para cambiar el mundo, cada ser humano tiene un valor especial, posee un don divino que recibe al nacer y que si se descubre, puede utilizarlo para su beneficio y para el de los que le rodean.

Hagamos un alto en nuestra prisa diaria, miremos el interior de nuestros semejantes y aprendamos a valorarlos por lo que son y no por lo que quisiéramos que fueran.

Yo al menos he procurado guardar un poco de aquella inocencia.

Abuelito

Los niños son incansables nunca queman sus energías, a mí me agotan siempre están dispuestos a jugar y aprender y los abuelitos, siempre están dispuestos para ser los confidentes y consentírselo todo.

Tienen tanto que enseñar y tanto que disfrutar con sus nietos tenemos que respetar a nuestros abuelos, debemos cuidarlos y quererlos.

Abuelito quiero contigo un ratito jugar, pero que no sea al ajedrez, cartas, adivinanzas, ni a los bolos jugar, porque a eso no me ha enseñado mama.

Toma mis manos, ven a jugar, que yo te voy a enseñar, ¿estás cansado?, bien, vamos a descansar. Mientras me cuentas historias de duendes y hadas, para un ratito con ellas soñar.

Abuelito, Mami dice que eres muy sabio, así que dime ¿por qué cantan las aves?

¿Por qué las estrellas brillan en la oscuridad?

Anda abuelito no te duermas, tengo mucho que aprender de ti, vamos abuelito, anda, vamos a volver a jugar, la tarde nos ha llegado ya, vamos, ¿te ayudo?, toma mi mano que a casita te voy a llevar, mañana vendré temprano para que juntos, abuelito, volvamos a jugar. ¡Te quiero mucho abuelito!

San Valentín

Tienes tantos momentos en la vida para recapacitar nacemos desnudos, sin nada Y al mismo tiempo, con la posesión más grande de la vida el amor de nuestra familia.

Uno va creciendo en valores Y a lo largo de la vida vamos atesorando cosas materiales que en realidad no sirven para nada, Las materiales se pueden sustituir de hecho lo hacemos con mucha facilidad, pero las espirituales como los amigos son muy valiosos y un buen amigo nuestro no se podrá sustituir nunca en la vida.

los amigos son una forma de compartir ese bien tan necesario el bien más preciado como es la amistad es otra forma de amor.

Con ellos compartes las cosas materiales y las del corazón que son las más importantes

Los valores o principios como queráis llamarlos porque son la esencia de nuestra persona

Doy gracias por haber atesorado en la vida tantos amigos que comparten tantas cosas y me ayudan en el paso por esta vida y no me dejan rendirme ante ninguna adversidad.

Feliz San Valentín.

Borrón y cuenta nueva

Entre las muchas cosas extrañas que la vida me ha regalado la más hermosa es tener y estar rodeada de grandes amigos hoy día enseguida sale la palabra amistad pero la amistad es una cosa que hay que ganárselo a pulso y dedicación y tomar con más seriedad, es muy fácil tener amigos de palabra, esos amigos de palabra fácil y como fácil vinieron fácil se van mi vida ha cambiado en el tema social el tener a mi cargo una red social como "Cerca de ti" te enseña que no es oro todo lo que reluce y que en muchas ocasiones es mejor ser moderada con lo que se escribe nunca se sabe si te van a captar bien lo pensado, soy una persona muy abierta y abierta a conocer y experimentar nuevas emociones en el buen sentido de la palabra soy una persona muy cariñosa y en seguida me encariño con la gente han pasado muchos y muchas Amigos por mi vida, con más o menos entusiasmo, pero hoy he de decir que me siento defraudada y engañada.

Lo siento de esta manera y así es como lo cuento, me siento como si me hubieran acuchillado por la espalda me da mucha pena, pero quiero decir una cosa.

BORRÓN Y CUENTA NUEVA NO QUIERES CUENTA CONMIGO PUES YO TAMPOCO QUIERO SABER DE TI.

Te fuiste hace ya tiempo y quisiste salir de mi vida, te respeto pero no comparto como siempre tu modo de actuar.

Para ser culpable hay que cometer un acto que te convierta en ello, al menos un pensamiento, una idea, tenemos la mala costumbre de mal interpretar las cosas ¡Qué lástima!

Muchas veces nos quedamos en el envoltorio de la historia y con mucha ligereza acusamos a una persona inocente.

Persona Inocente se determina a quien no tiene culpa, a quien no está enterado de lo que sucede o a quien no se le ha demostrado lo contrario, pero que sucede cuando ser inocente no basta... Como explicarnos una situación en donde los inocentes terminan por ser los más castigados

Con tristeza reconozco que mi pregunta no tiene respuesta.

SER INOCENTE NO BASTA, HAY QUE DEMOSTRARLO.

Sólo se vive una vez

La vida es como un avión, te subes la primera vez, sin enterarte, no sabes muy bien de qué va la cosa, empiezas con mucha ilusión, pero una vez que te estás en marcha te das cuenta que toda pasa demasiado deprisa y lo peor, que no puedes bajarte.

Es muy arriesgado, muchas veces tenemos una vida que no es lo que queremos, pero que, bien por comodidad o por cobardía no cambiamos, porque bajarse del avión en marcha es muy difícil, hay que ser muy valiente porque puede ser muy peligroso.

Mis queridos amigos, yo me baje en marcha y puedo hoy decir que me salió bien, me arriesgué y le di otro sentido a mi vida.

Yo te animo a saltar si tu vida no te gusta porque seguir con tu vida si piensas que es un error, como dice la canción, solo se vive una vez, pero rápido.

Prefiero vivir con la ilusión de que quizás pueda mejorar que con la certeza de que el resto de mi vida seré infeliz.

No dejes para mañana, lo que debes hacer hoy.

Por estos caminos

Mis queridos amigos, Cuando comencé por estos caminos de los blogs ni se me hubiera pasado por la cabeza todas las cosas que hecho, todos los conocimientos adquiridos en todas las materias, es evidente que la mente dormida, se queda estancada y no se aprende, ni nos renovamos, no hay una cosa peor que sentirse un despojo de persona si encima tienes a tu alrededor personas que no hacen otra cosa nada más que recordarte, la poca cosa que eres, pues al final terminas por creértelo. Pero es ahí cuando una voz interior, cada vez más fuerte me gritaba, que todo esto lo tenía que finiquitar, tenía que acabar con esa vida de menosprecios y penurias y tome la decisión más afortunada de mi vida, he ido creciendo en todos los sentidos, personalmente soy más segura de mí misma, no me cuesta tanto tomar las decisiones importantes, por ahora voy teniendo suerte y las cosas van para delante, El amor en mi vida es el eje de todo, es lo que me da la fuerza para andar y el complemento perfecto, en mi casa adoramos las letras. Por todo esto, sé abierto ante mí una forma maravillosa de comunicarme con todos vosotros, de se una desconocida, en un mundo, despreocupado y lleno de prisa, he pasado a tener cientos de amigos, compartiendo un montón de sentimientos y proyectos, ya sea en prosa, rimas, cuentos o relatos, e incluso estos últimos meses, me he aficionado hacer imágenes, con textos, en movimiento, todo lo que me planteo lo hago, son retos que me demuestran que no hay nada imposible y si va avanzando poco a poco se va recorriendo bastante camino, para mí es un gran logro, unido a toda la gente maravillosa, que se ha cruzado por mi camino. Como un día sin más entre en este lugar, conocí a personas maravillosas y poco a poco me fueron enredando en estos mundos, creando otros mundos paralelos, Es ahí donde entra a cobrar protagonismo Cerca de ti...Cerca de ti es un sitio en el que nos reunimos y compartimos, todo, cuando digo todo me quedo corta, cerca de ti admite de todo, lo último que he creado ha sido las recetas de la abuela, que con la colaboración de todos los miembros quiero editar un libro de cerca de ti y las recetas de la abuela, eso sí con los nombres de los autores. Sería fantástico tener un libro de cocina hecho a medida y por todos nosotros. Si tenéis recetas de la abuela y las queréis compartir, no lo dudéis ni un momento y compartirlas con todos nosotros. Hagamos un recetario internacional. Cerca de ti, es mi proyecto, compartido por algunos de vosotros, algunos no confiaron en él y desearon el fracaso de la red, pero echaremos un tupido velo, me quedo con lo bueno. Hoy me he levantado nostálgica y como es habitual, es estos momentos de decaimiento cuando regreso a mis orígenes. Cuando te das cuenta una y otra vez que las personas que piensas que confías te dan la espalda te la hacen y te lo vuelven hacer, entonces me pregunto, ahora me interesa ser tu amiga y ahora no, no soy ningún juguete de nadie, meses atrás puse en este mismo lugar que no volvería a ocurrir. Pero el hombre es el animal que tropieza en la misma piedra un montón de veces. Lo que me apena es que jueguen con mis sentimientos de esta forma. Yo soy la misma persona, ayer, hoy y mañana. Demasiado confiada, pero con la misma fe en los demás.

El Amor

Cuando todo se complica en nuestra vida miramos a nuestro alrededor y observamos la desesperación de las personas, no se puede hacer nada, respiras tranquila, o eso es lo que crees y pretendes y comprendes que no estamos a salvo de nadie.

Hoy me permito darle un descanso a mi silencio, para hablar de Amor ¡qué bella palabra!

Muy fácil de pronunciar y tan difícil de llevar a cabo. A veces el silencio nos permite conectarnos con nosotros mismos, sumergirnos a nuestras profundidades y así encontrar en ellas, nuestras verdades, es una travesía que comienza con muchos vaivenes, enfrentas a un mar enfadado, olas que impiden tu calma, y todo lo que lo provoca, son esas emociones desbocadas que inquietan a nuestra mente, desgarran un corazón, enferman a un cuerpo ¡Es un desastre en cadena!

Hay veces que no somos conscientes y nos encerramos en nuestra gran mentira, somos cómodos por naturaleza, todo lo que requiere de nuestra atención no siempre lo asimilamos de la misma manera, tenemos que permanecer inertes sin hacer nada, cuando observamos tantas injusticias en el mundo.

Yo pienso que esto es muy general soy observadora de la vida, puedo decir fehacientemente, que el camino del amor no es fácil, puedo decir que en muchas ocasiones viene disfrazado y nos puede confundir, puedo asegurar que es el más complejo, porque para llegar amar en toda la extensión de la palabra, primero debemos superar todas nuestras carencias, tenemos que afrontar inseguridades, debilidades, si no es así siempre estaremos nadando contra corriente en un mar bravío, nos golpeará una y otra vez, hasta desgastar todas nuestras fuerzas y así la Vida ya no tiene un verdadero sentido, tenemos que tomar las riendas de nuestra vida, no seamos como los burros hay que asumir nuestras responsabilidades en cada uno de nosotros, seamos los "gestores" de nuestra felicidad, no que cada tormenta nos aniquile.

Hay que meditar sobre nuestras propias accione, nuestros pensamientos y lograr el equilibrio, es la meta a la que todos debemos llegar. Cuando se provoca ese "encuentro Mágico" con el otro ser, ese encuentro que despierta ese sentimiento, que es el amor, es olvidarse de uno mismo las preguntas van y vienen ¿Hasta cuánto se puede uno entregar?, afloramos ese "egoísmo" inmerso en cada uno de nosotros, evaluamos un comportamiento, ponemos una y mil pruebas para ver si pasa o no el examen inconscientemente ¡Qué forma equivocada de vivir algo tan bello y esperado! Si todos pensásemos lo mismo, así lo he vivido y es también así que he sufrido muchos desengaños, a veces se comete el error de mejor no llegar nunca a enamorarse, porque se sufre, lo he escuchado muchas veces, que confundidos estamos, no se puede ir en busca del amor como he escuchado en muchas ocasiones, se me está pasando el arroz, era lo que me decía una vecina no hace mucho tiempo y estaba ansiosa de encontrar su media naranja, que tontería más grande, el amor no es un negocio que se pueda comprar en el supermercado de la vuelta de la esquina, pero cuando logramos traspasar nuestra realidad, cuando logramos vivir el amor desde "nuestra verdad " nos damos cuenta de que estábamos equivocados, el fondo de este sentimiento es más fácil de lo que parece, no hace falta ser tan retorcidos, haz a los demás lo que te gustaría que te trataran a ti, somos un poco masoquistas para vivir el amor, vemos lo negativo de cada situación, ante un silencio, ya se piensa que nos han olvidado, ante una palabra dicha con rabia lo asociamos a un desencantamiento, nunca vemos el lado positivo de la situación, y si así fuera ¡Qué fácil es poder revertirlo todo, con una palabra dulce y tierna, acogedora, intentar bloquear el lado negativo de la otra persona.

Podemos decir a más de una persona "TE AMO", pero siempre se diferenciará, cuando ha nacido un Amor diferente entre dos Almas que se han buscado insistentemente a través de los Tiempos, eso marca la diferencia, porque este encuentro no comienza con una plena felicidad sino al contrario es un encuentro de aprendizaje, nos pasamos nuestra vida aprendiendo de nosotros mismos, de los que están a nuestro alrededor, de nuestros fallos, de nuestras virtudes es una "Transformación" que debe ocurrir en nosotros y también en los que nos rodean, para hacernos mejores personas frente al Mundo, es un enfrentarse a este Mar de la Vida, es poder controlar esas emociones desbocadas que arrasan con nuestra cordura y nos hace en muchas ocasiones sacar la vestía que llevamos dentro entonces, solo así podemos guiar a otros por el mismo camino y la dicha ya será Plena.

Así es como hoy amo así es como este maravilloso Universo me ha reunido con un ser único para mí, mi "otro corazón, hemos crecido en este sentimiento y nos hemos fortalecido con cada oleaje aprendemos y sabemos que siempre vendrán más, pero también sabemos que se disfruta de la calma son los ciclos de la Vida, son los ciclos del Amor.

La vida sería maravillosa si nos olvidamos un poco más de nuestro yo y nos acordáramos del tú, si no viviéramos tanto tiempo encerrados en nuestra propia concha e intentáramos sacar de nosotros mismos esas cosas buenas que llevamos dentro.

Una reflexión

Mis queridos amigos esta es una reflexión para todos y aunque el año predice un mal momento, yo sé que lograremos cambiarlo.

Hay que comenzar cada día como si fuera un acontecimiento nuevo, la vida es un regalo demasiado grande para echarlo a perder.

¿Alguna vez has sentido en lo más hondo de tu ser ese deseo profundo y enorme de mejorar o de cambiar? Si es así, no dejes que el deseo se escape, porque no todos los días lo sentirás. Si hoy sientes esa llamada a querer ser otro, a ser distinto, atrápala con fuerza y hazla realidad.

El inicio es el momento para reunir las fuerzas y toda la ilusión para comenzar el mejor año de la vida, porque el que se proponga convertir éste en su mejor año, lo puede lograr, todo es tener las ganas y la suerte llamará a tu puerta y una oportunidad más te brindará la vida para transformar, el hogar, el trabajo en algo distinto. Quiero algo diferente.

El arte de escribir

Cada vez escribimos menos a mano y quizá en el futuro nuestros nietos no puedan leer nuestras cartas, no porque no sepamos escribir, sino porque hemos perdido la afición de escribirlas.

Me acuerdo cuando era pequeña, el medio de comunicación era por carta, ¿cuántas cartas de amor hemos podido escribir en el transcurso de nuestra juventud? ¿Cuántas cartas hemos escrito a familiares, yo puedo decir que bastantes...A mi abuela un montón le he escrito contándole un montón de cosas tres y cuatro cuartillas, no me cansaba de contarle cosas, recapacitando ahora no me extraña ahora, siempre me ha gustado escribir y me gusta explicar bien las cosas.

La gente que no me conoce quizás piense que lo que hago es querer justificarme, siempre me ha gustado dar explicaciones del porque hago tal cosa.

Pero no es así, simplemente me gusta explicar, no tiene un porque

Recuerdo cuando adquirí mi primer ordenador y cuando adquirí unos pocos conocimientos de informática, me aficione hacer las tarjetas de Navidad os puedo asegurar que muchas veces se pensaban que las había comprado o quizás también para hacer la lista de la compra, he de reconocer que ya ni para eso utilizo un bolígrafo pero...¿en qué otras ocasiones utilizamos un bolígrafo para poner en papel nuestros deseos o necesidades? Al parecer, las oportunidades en las cuales escribimos a mano cada vez son más escasas.

Quizás de aquí a un siglo, nuestra escritura a mano será legible sólo por expertos.

Hay que utilizar más el bolígrafo, tienes sus beneficios:

Es manual

No gasta baterías

Haces ejerció, mentalmente y cuando escribes mucho te termina doliendo el dedo

A mí me queda el dedo churro, aplastado y asqueroso. Pero he de reconocer que tiene su encanto.

No perdamos la costumbre escribir.

Desde mi ventana

Desde mi ventana, respiro todas las sensaciones que el mundo me quiere hacer llegar, en el transcurso de la vida descubres que no es oro todo lo que reluce, que muchas promesas se las lleva el viento, que muchas confianzas se quedaron aparcadas en la vuelta de una esquina.

Desde mi ventana observo cómo pasa la vida ante mí y cómo se va transformando sin quererlo, me pierdo entre tus calles y me pierdo intentando encontrar a alguien, lo que busco no lo encuentro, hasta ahora sólo hallé decepciones y camelos, más cuando no sacan lo que desean, te abandonan y blasfeman; me eternizo entre las preguntas y tu voz, me acaricia con palabras que para otros no tienen sentido, te busco con mi suspiro y me encuentro con tu luz. Las sombras caen, las dudas danzan alrededor de mi ventana. La quietud se palpa en la serenidad de tus sombras.

Desde mi ventana he comprendido muchas cosas pero tu silencio en la distancia rompe mis fronteras, gritaré al mundo y en un grito encontraré mi camino y con alas volaremos en un cielo azul repasando las fronteras que la vida nos va dejando, me precipitaré de nuevo al vacío de la tarde y me embriagaré con los pensamientos, volveré a sentarme de nuevo a contemplar la luz de un nuevo día. Desde mi ventana.

La felicidad depende de cada uno de nosotros

Estamos viviendo en un mundo en el que lo principal y el objetivo primordial es ser los mejores, nos da igual el modo y si en ese camino nos tenemos que ventilar a alguna persona, nos da lo mismo, hay que hacerlo sea como sea y cueste a quien cueste.

Estamos perdiendo los principales valores, los nuestros. Nos vendemos a cualquier precio sin importarnos quien nos llevamos por delante.

Nos perdemos tantas cosas bonitas por el camino, no todo el mundo es bueno, ni todo el mundo es malo, no podemos estar viendo gente mala constantemente, esto se puede convertir en una obsesión y creerme no es recomendable para la salud.

No sé por qué, pero me viene a la memoria, la obra del enfermo imaginario Seguro que conocemos a alguien que siempre está padeciendo algún tipo de enfermedad, se piensa que está enfermo, y ello es debido a que no se le diagnostica clínicamente ninguna dolencia porque no tiene nada, sin embargo, la enfermedad que él padece radica en su alma. Por eso le llamaremos cariñosamente el enfermo imaginario, tal y como dijo Moliere.

La vida está llena de momentos y por una razón que no viene al caso ahora he descubierto cosas maravillosas, he pasado unos días un poco depre, pero parece que la brisa fresca de la mañana se ha colado por la ventana y me ha regalado un nuevo amanecer.

En este nuevo amanecer he comprendido que lo más importante son mis sentimientos, y si yo me siento bien conmigo mismo, hace que se vea todo de distinta manera.

Tantas cosas me producen alegría, hay que sacarlas y repartir todos esos dones para que la gente, tus vecinos, tus amigos, puedan disfrutar de todo lo que se quiere compartir.

¿Por qué quedarse todo esto para uno mismo? fue lo que me pregunté yo esta mañana, pues bien, no tiene ningún sentido, tengo la necesidad de compartir todas las cosas maravillosas de esta vida, cuando he ido a buscar a "mis ñajos" al colegio, he sentido la tentación y me he puesto a jugar con los chiquillos de la plaza, y jugueteando, me he sentido súper bien, me he puesto a saltar dé piedra en piedra (¡Huy, que me caigo! La rama arrancada del abeto (que a veces utilizo para ayudarme en el caminar). Una rama se ha doblado y se me ha caído en toda la cabeza, con el consecuente culetazo. Hemos estado jugando al pillo, pillo, he de reconocer que he durado dos asaltos, al tercero me he tenido que sentar en el bordillo de la acera para tomar aliento.

He podido contemplar, como dos gorriones estaban jugueteando, haciéndose carantoñas, es hermoso, veo el lento caminar de una pareja anciana que vive un poquito más debajo de mi calle, siempre cogidos de la mano, se alejan con su lento caminar se dirigen por el camino del amor dejando un hermoso rastro de sentimientos.

O la que provoca que mi corazón salte cuando contempla un arcoíris en el cielo. No os habéis parado a verlo es majestuoso un haz de rayos de sol al final de una tarde sombría, una nota musical y el olor de un bebé, Esto es alegría, esto es la luz de la vida...

O al sentir el roce de la piel de la persona amada de dos cuerpos que se funden en uno, al oír un suave susurro, al notar como habla el alma en los ojos que te miran, y comprendes perfectamente lo que quieres, o ese palpitar del corazón cuando dos labios se encuentran en un viaje muy lento y como te acarician muy despacio hasta que se funden en uno.

Felicidad extrema al sentir y comprender que tenemos muchas cosas para contemplar y apreciar y de todo esto, lo más importante y de la que nunca nos acordamos es de la felicidad, que hace que el corazón, el alma y los sentidos estén al servicio del amor y de la alegría.

Verdad que merece la pena todo esto, yo lo pienso... ¿y tú?

Ser uno mismo

En esta vida no hay nada mejor, que ser uno mismo, creer y seguir su propio camino, hay obstáculos, pero como todo en la vida, hay que seguir sin detenerse, ni dar importancia a las cosas más de la cuenta, el camino no es sencillo, ni es fácil, pero tampoco imposible para que uno lo deje así porque así.

Este camino me está enseñando muchas cosas, parte de este camino somos invisibles, no formamos parte de nada, las criticas siempre existirán en nuestra vida, gente que no está conforme con su vida y quiere molestar a los demás, pero cada quien vive su vida como quiere y eso no se lo podemos quitar.

Cada uno de nosotros fue creado bajo un molde único, con el cual debe vivir cierto tiempo en este mundo, con el que debe convivir y a veces la misma sociedad hace que dudemos de él, de lo que somos, al no seguir al pie de la letra todas las reglas y limites que se nos imponen.

Creo y lo digo por mí, que lo mejor que podemos hacer es vivir con nuestras virtudes y con nuestros defectos. Así somos, no hay de más, y la gente que quiera estar con nosotros nos querrá por quienes somos y no por lo que vestimos o aparentamos ser en la vida.

Ser uno mismo es lo que importa en la vida hoy y siempre.

Eso me lo he grabado en mi cabeza siempre, desde que entre a formar parte de este mundo de redes y sé que debe ser así, ya que de verdad puedes conocer a gente que te valora por quien eres y habrá quienes no lo hagan, pero uno decide a que hacerle caso, ¿no creen?

¿Vivir o no vivir como uno es en realidad? Esa es la cuestión que solo nosotros podemos responder.

Nadie puede darle gusto a toda la gente.

Sólo vive

Hay un lugar que no lo conoce nadie, sabemos que existe, no es porque alguien nos haya dado explicaciones.

Es nuestra alma, nuestro corazón, el que nos conduce, el que nos lo dicta todo, por el nos llevamos muchas veces.

Si buscas dentro de ti, a ese lugar maravilloso y único que hay dentro de ti, inténtalo, permítele vivir, enséñale a vivir a disfrutar cada instante.

Cuando somos niños todo nos hace reír, todo nos hace feliz, están pendientes de nosotros, para que la felicidad nos rodee.

Bailamos con la felicidad continuamente al compas de los latidos de tu corazón, atrévete a soñar, sin fronteras, sin límites, no se le pone límites al cielo, sin tiempo ni espacio, sé tu propio dueño y señor, porque la vida es hoy, el aquí y el ahora, eres tú.

Hoy, aquí, ahora.

Mañana, está por llegar, solo tú y nadie más que tú lo puede vivir.

Eso es parte del secreto.

Vivir.

Solo vive.

Pensamientos en voz alta de una casi moribunda

BUSCAMOS las palabras del pasado, siempre mirando atrás, momentos anclados en el ayer.

BUSCAMOS en las mismas los recuerdos, que quisiéramos, vivir no vemos que la vida se nos pasa, que todos son deseos de lo eterno.

BUSCAMOS esa linda figurita la misma que sacio nuestros anhelos, sin ver que nuestra vida continúa Igual que se consume el tiempo.

BUSCAMOS los misterios de las almas queriendo conocer tantos secretos no viendo que las almas envejecen y guardan en su pecho, tantos miedos de perder el bien más preciado que tenemos, la vida.

Mis pequeños tesoros

Hoy quiero dar un grito de esperanza y amor a todos esos padres que luchamos cada día para sacar adelante a esos pequeños, algunos más movidos otros menos, pero todos sin excepción son lo más maravillosos y el bien más preciado que tenemos.

Pues bien mis ñajos son unos trastos, no paran quietos, y nos tienen molidos a todos, pero nos encanta. Están todo el día de buen humor y aunque tú llegues y no tengas ganas de nada solo verles las caritas se te pasa el mal día y sobre todo mi peque, que llega con su carita de ángel bueno de no haber roto un plato en su corta vida llega y me dice" No te enfades mama"

Se ríe a carcajada limpia y comprende perfectamente que me tiene ganada siempre tiene una para nosotros, esa carita riendo a carcajadas y esos ojos que parece que sonríen.

Sé que hay otros niños que son más calmados, más tranquilos, iguales o peores que los míos, Pero de lo que estoy absolutamente segura es que para la mama y el papa son sus diamantes, frágiles, limpios de cualquier maldad.

Por ellos y solo por ellos somos capaces de hacer muchas cosas. Solo por eso felicidades a todos los papas y mamas, a los que ya lo son, a los que lo serán y a los que lo quieren ser, ser felices, y disfrutar vuestros peques.

Son nuestra vida y así como les eduquemos, estaremos formando su futuro.

Cómo ser mujer y no morir en el intento

Cómo ser mujer y no morir en el intento, como caminar por este mundo sin perder la compostura, bueno yo no lo sé, ni dispongo de una varita mágica que me haga más fácil las cosas, ni tampoco tengo un espejo mágico que me diga lo guapa que estoy y lo bien que hago las cosas, sino todo lo contrario, tengo tres monstruitos que a la hora de exigir cosas siempre son los primeros, es en ese momento cuando hay que ponerse en plan sargento y poner orden a la batalla campestre, pero pienso que las mujeres estamos hechas de distinto material al de los hombres, fuimos creadas para soportar toda clase de maldades y sufrimientos con la misma "facilidad", que poseemos el don de cuidar a nuestros mayores y hacernos cargo de nuestros menores, tenemos un don que llevamos dentro de nosotras y es la de entregarnos y dar todo lo que hay dentro de nosotras. Nos entregamos con mucha pasión lo llevamos en los genes, muchos hombres no lo entienden y entienden como igualdad el echarte una mano en las labores del hogar, pienso que en ese tema de la casa estamos muchos años luz, lo mismo que el laboral, no podemos igualarnos a los hombres nunca, porque somos nosotras las que nos ponemos zancadillas, somos nosotras las que no cogemos a una madre de familia, somos nosotras, las que no aceptamos que cuando hemos sido madre el niño se te ponga malo y le tienes que llevar al médico. Porque igual que nos entregamos para cuidar y ayudar, en nosotras tenemos un ser malvado, tenemos a nuestra amiga Eva manipuladora y dejándose convencer por la serpiente a quien convenció y entrego la manzana del bien y del mal, la que entrego Adán y que nos expulsaran del paraíso. Tenemos la capacidad de embarullar las cosas con una facilidad increíble, somos más retorcidas que los hombres y le sacamos tres pies al gato. Pero con todas esas cosas "Somos divinas"

Aun confío

Aun confío en la gente, en las amistades, en la delicadeza de la vida, de que nada es al azar que todo tiene su razón y su porqué.

Aún confió en que en el mundo hay gente con corazón noble y la gente embaucadora y de mente retorcida, se encuentre y sepa entender, que la vida no es tan complicada y por fin puedan ser felices, dejando volar su interior hacía un mundo mejor.

Aún confío en un mundo de fantasía, en el que cada día un universo de colores nace, donde no hay sueños que no hemos de alcanzar ni ilusiones de papel que vuelen con el viento.

Aún confío en mi inocencia que traspasa a mi alma, estoy convencida que el amor mueve montañas que las palabras sinceras, vuelan más rápidas, que las palabras cargadas de odio.

Aun confió en mí ternura que vence a la frialdad de otras almas, aun confío en mi sinceridad que conquista palabras de lealtad y vence, a las palabras hipócritas, confío en sonrisas del alma que traspasan la maldad.

Aún confío en los corazones generosos, que se entregan sin esperar nada, que apartan las tristezas y que luchan por ser felices, repartiendo felicidad sin esperar nada a cambio, confío en la inocencia de la vida, en la princesita de mi cuento, aún confío en las travesuras de almas inocentes, que no tienen maldad, porque no la han conocido, que juegan con esperanzas y que sueñan a colorar lindos paisajes, donde el sol es un círculo amarillo y sus rallos unas líneas a su alrededor.

Aún confío en la vida que nos abraza cada día, llenándonos de fuerzas para confiar en que todo saldrá bien.

Los senderos de la vida

Cuando pasees por los caminos de la vida, el destino ha trazado ya el mismo, no vuelvas nunca la mirada, sigue andando, ayudando al que va a tu lado, hay que tender una mano, hay que ayudar en este camino que es la vida, en el encontrarás muchos obstáculos, la vanidad intelectual, la soberbia, la falta de honestidad, la hipocresía, el odio, la mentira, el orgullo y la arrogancia de los yo, son muchos de nuestros enemigos, se hacen dueños absolutos de nuestras vidas.

Hay veces que la frondosidad del bosque no te deja ver que al otro lado hay vida que te ofrece muchas cosas interesantes, sólo as de caminar y según te vayas acercando podrás comprobar que te estás perdiendo muchas cosas, porque los arboles no te dejaban ver el hermoso paisaje de la amistad.

Me gusta la gente sincera, que le gusta hacer las cosas que le agradan, que te ayudan, orientan, aconsejan, buscan la verdad y siempre quieren aprender, aunque sea de un niño, sin huir de compromisos. transparentes de corazón, sin odios, ni envidias y con mucho amor dentro de sí, gente que no mientan y que al mirarlas a los ojos veas lo que hay dentro de sus almas, porque en ellos está la verdad de su ser.

¿Has sentido en alguna ocasión, caminando solitario que te acompañaba una extraña presencia que ni siquiera ni tú mismo sabrías definir? en el silencio de mi reflexión percibo todo mi mundo interno como si fuera una semilla que empieza a germinar, de alguna manera pequeña e insignificante pero también pletórica de fuerza, dentro de nosotros, nacen infinidad de sueños que esperan el tiempo de germinar, el tiempo y la marea ni se paran, ni esperan, no le importa si tu bote está listo, al tiempo tampoco. El tiempo es un tema nuestro, de nadie más. Por ello la utilización del tiempo es fundamental, pues es nuestra vida, nada menos, no matemos estos sueños antes de que nazcan, presiento que las cosas no son como yo quisiera, tiendo mi mano, en el crepúsculo de un hermoso día, descubro que detrás está el sol. Los pájaros cantan como todas las mañanas a la misma hora, cuando la fantasía se apodera de mi mente, algún día tendré la esperanza que nuestra amistad, volverá a germinar.

Recuerda, nada es permanente, para que se deposite en ello demasiado aprecio, demasiado dolor, demasiado interés, demasiada vida. Sólo el poder de la amistad y del amor tiene que perdurar, olvidemos las viejas rencillas, hoy es el día.

Te invito

La mano negra

Cuando tenía unos 5 ó 6 años, era una niña muy miedosa y mis padres no conseguían apaciguar mis temores, sino que parecía aumentarlos.

Vivíamos en un patio, junto a mis tíos. Tenía dos primos un poco mayores que yo. Cuando quería visitarlos sólo tenía que cruzar el patio

Mis temores normalmente los tomaban a cachondeo y solían burlarse de mí.

Recuerdo una noche, cuando los rayos eran los reyes de universo, me sucedió esta historia que os vengo a contar.

No había parado de llover en todo el día, era un día que te apetecía quedarte en tu casa y como es natural mis padres no salieron, claro tampoco pude jugar con mis amiguitas en la calle, ni se me hubiera pasado por la cabeza preguntarle a mi padre si me dejaba salir.

Era una noche tormentosa, los rayos iluminaban la habitación, era una situación en la que no me encontraba nada bien, una de estas noches que se pasa miedo por naturaleza, he de reconocer que lo pase realmente mal y una niña como yo no podía, ni comprendía el efecto que podía causar.

Esa noche como me aburría en casa decidí visitar a mi tía, ¡así podía jugar con mis primos!, sin pensármelo tome dirección a casa de mi tía, según avanzaba por el patio, un rayo cayó muy cerca de mi casa, o eso me pareció a mí y de un salto me presente en la casa de mis tíos.

Mi tía al abrir la puerta se dio cuenta de la cara que llevaba y me pregunto qué era lo que me pasaba y si estaba asustada, yo, le conteste que sí y muy cariñosa me metió en casa y me seco la cabeza.

Hasta ahí todo sería normal, pero mis dos primos ya estaban planeando el plan perfecto, ¿Cómo asustar a su prima?

Mis primos estuvieron pesados, gastando bromas toda la tarde, era su hermana pequeña y como decían, ellos eran los únicos que me podían pegar, en cuanto llegaba algún niño y me pegaba ahí estaban mis súper primos para defenderme.

Tengo que reconocer que han pasado los años y aún se comportan como mis protectores, siempre seré su niña.

La noche pasó tranquila y llegaba la hora de irse a casita con papa y mama, tranquila llegue a mi casa, mi madre ya me tenía preparado el baño, era la única privilegiada que podía disfrutar de ello.

Un barreño en una cocina calentita, que bellos recuerdos acuden a mi memoria, termine de bañarme y cenamos, en la tele estaban echando los telerines y como era habitual, mi madre me mandó a la cama.

Como cualquier niño, yo aguante hasta el límite de la paciencia de mis padres y cuando ya no pude más me fui a la cama.

Estaba ya quedándome dormida cuando la ventana de mi habitación se abrió de pronto, entre las cortinas se podía distinguir una especie de sabana o paño negro, no sabría definir que era, sus ojos eran unas luces y dos garras venían a mi encuentro con la intención de cogerme y tirarme a un pozo negro.

Mientras iba avanzando, repetía sin parar.

—Soy la mano negra y vengo a llevarte a mi casa, me gusta las niñas y te voy a comer.

Me puse a llorar y llegaron mis padres el monstruo había desaparecido pero la ventana aún estaba abierta.

A la mañana siguiente, mi madre le comento a mi tía lo sucedido y no sacamos nada claro.

Ni se aclaró , ha sido con el paso de los años cuando ya éramos jovencitos cuando mis primos quisieron sincerarse conmigo y me contaron como habían planeado la maldad y lo que se pensaban que era una broma se convirtió en una pesadilla para mí.

En mi casa teníamos el wáter en el patio y cada vez que tenía que ir hacer mis necesidades tenía que ir allí sola, la mano negra acechaba día y noche y hacia mis cosas corriendo, nunca tranquila y salía corriendo, como si algo extraño me fuera a coger.

Veía manos negras en las ramas de los arboles, fue una auténtica obsesión para mí.

Afortunadamente la mano negra desapareció con el tiempo.

Hoy soy madre e intento que mis hijos tengan en mí un apoyo y jamás en la vida se me ocurrirá cerrarle la puerta para no escucharle llorar.

Esta es mi historia y así es como se lo he contado.

¿Sera niño o niña?

Es curioso, pero cuando una se queda embarazada, surgen de entre debajo de las piedras doctores y doctoras titulados en la materia, me viene a la memoria cuando mi madre se quedó embarazada de una servidora, las comadres del barrio acudían hacer la visita diaria del médico, eran mucho los conocimientos que poseían estas señoras y como buenas vecinas, lo suyo era compartirlos, eso sí de buena fe.

Cuando mi madre supo de su embarazo, se puso muy contenta, había estado visitando un médico y como ya era muy mayor, ya no podría tener hijos, mi madre se casó mayor para esta época tenía 39 años...pues bien, no llego ni un mes de estar casada cuando se quedó embarazada de una servidora, una de tantos aciertos de la medicina.

Por esa época el estar embarazada, no era sinónimo de nada, simplemente tenías que tener un poco más de cuidado, pero las rutinas de la casa eran las mismas, entonces no había las comodidades de hoy en día.

Mi madre se tenía que levantar de madrugada para mantener la lumbre de carbón ardiendo poner alguna astilla para que los rescoldos de la lumbre ardieran para más tarde añadir el carbón y así estar calentita.

Tenía que ir a la fuente a coger agua y cargada con dos cubos de hierro volver a casa para que pudiéramos disponer de agua, esto lo hacía bastantes veces, ahora que tenemos las comodidades de abrir el grifo no nos damos cuenta del lujo que tenemos.

Mi madre no se cuidaba para nada y las burradas realizadas por ella eran de campeonato, como por ejemplo coger un barreño de hierro con agua y subirlo a la mesa porque le dolían los riñones una barbaridad, bueno mi madre estaba segura de que lo que llevaba en la barriguita, iba a ser una niña y le iba a poner de nombre PILAR, como ella, las comadres de barrio como es natural, lo corroboraron, seguro que iba a ser una niña, porque tenía la tripa de tal y cual forma, imaginaros, 40 semanas de incertidumbre, ya que por esas épocas no había las ecografías, que hoy hay en la actualidad, te sacan de duda al tercer mes de vida del embrión.

Mi madre empezó hacer la ropita para su niña, patuquitos de color rosa, toda la ropa que hizo era de color de rosa, no me imagino la cara de sorpresa si en lugar de una niña hubiera nacido un niño, es el 50% razonable.

Mi madre paso un embarazo muy bueno según me ha contado muchas veces, ni se enteró y apenas engordo incluso los mal pensados dudaban de su embarazo.

Llego el día tan señalado a mi madre se le adelanto el parto un mes y como es habitual los médicos profesionales metieron la pata hasta el fondo, mi madre fue de parto y como primeriza que era no le hicieron ni caso, mi madre estuvo un día con las contracciones y nadie se molestó en pasarse por allí, si una nació porque tenía que nacer.

Los médicos sedaron a mi madre y la durmieron, cuando nací yo ni se enteró porque estaba dormida, parte de la anestesia me la trague yo, les costó hacerme llorar, me debieron de pegar una paliza, de ahí viene que me he pasado casi toda mi vida durmiendo, es broma

Pues bien está es la historia del embarazo de mi madre y como por la forma de su barriguita averiguaron el sexo del bebe. Increíble.

La felicidad depende de cada uno de nosotros

Estamos viviendo en un mundo en el que lo principal y el objetivo primordial es ser los mejores, nos da igual el modo y si en ese camino nos tenemos que ventilar a alguna persona, nos da lo mismo, hay que hacerlo sea como sea y cueste a quien cueste.

Estamos perdiendo los principales valores, los nuestros. Nos vendemos a cualquier precio sin importarnos quien nos llevamos por delante.

Nos perdemos tantas cosas bonitas por el camino, no todo el mundo es bueno, ni todo el mundo es malo, no podemos estar viendo gente mala constantemente, esto se puede convertir en una obsesión y creerme no es recomendable para la salud.

No sé por qué, pero me viene a la memoria, la obra del enfermo imaginario Seguro que conocemos a alguien que siempre está padeciendo algún tipo de enfermedad, se piensa que está enfermo, y ello es debido a que no se le diagnostica clínicamente ninguna dolencia porque no tiene nada, sin embargo, la enfermedad que él padece radica en su alma. Por eso le llamaremos cariñosamente el enfermo imaginario, tal y como dijo Moliere.

La vida está llena de momentos y por una razón que no viene al caso ahora he descubierto cosas maravillosas, he pasado unos días un poco depre, pero parece que la brisa fresca de la mañana se ha colado por la ventana y me ha regalado un nuevo amanecer.

En este nuevo amanecer he comprendido que lo más importante son mis sentimientos, y si yo me siento bien conmigo mismo, hace que se vea todo de distinta manera.

Tantas cosas me producen alegría, hay que sacarlas y repartir todos esos dones para que la gente, tus vecinos, tus amigos, puedan disfrutar de todo lo que se quiere compartir.

¿Por qué quedarse todo esto para uno mismo? fue lo que me pregunté yo esta mañana, pues bien, no tiene ningún sentido, tengo la necesidad de compartir todas las cosas maravillosas de esta vida, cuando he ido a buscar a "mis ñajos" al colegio, he sentido la tentación y me he puesto a jugar con los chiquillos de la plaza, y jugueteando, me he sentido súper bien, me he puesto a saltar dé piedra en piedra (¡Huy, que me caigo! La rama arrancada del abeto (que a veces utilizo para ayudarme en el caminar). Una rama se ha doblado y se me ha caído en toda la cabeza, con el consecuente culetazo. Hemos estado jugando al pillo, pillo, he de reconocer que he durado dos asaltos, al tercero me he tenido que sentar en el bordillo de la acera para tomar aliento.

He podido contemplar, como dos gorriones estaban jugueteando, haciéndose carantoñas, es hermoso, veo el lento caminar de una pareja anciana que vive un poquito más debajo de mi calle, siempre cogidos de la mano, se alejan con su lento caminar se dirigen por el camino del amor dejando un hermoso rastro de sentimientos.

O la que provoca que mi corazón salte cuando contempla un arcoíris en el cielo. No os habéis parado a verlo es majestuoso un haz de rayos de sol al final de una tarde sombría, una nota musical y el olor de un bebé, Esto es alegría, esto es la luz de la vida.

O al sentir el roce de la piel de la persona amada de dos cuerpos que se funden en uno, al oír un suave susurro, al notar como habla el alma en los ojos que te miran, y comprendes perfectamente lo que quieres, o ese palpitar del corazón cuando dos labios se encuentran en un viaje muy lento y como te acarician muy despacio hasta que se funden en uno.

Felicidad extrema al sentir y comprender que tenemos muchas cosas para contemplar y apreciar y de todo esto, lo más importante y de la que nunca nos acordamos es de la felicidad, que hace que el corazón, el alma y los sentidos estén al servicio del amor y de la alegría.

Verdad que merece la pena todo esto, yo lo pienso. ¿Y tú?

Andamos por la vida cada vez más solos

Andamos por la vida cada vez más solos, por eso hay que cambiar, tenemos que cambiar y aprender a aceptar a la gente como es, no queramos una persona a nuestra imagen.

Yo soy de esta forma, ni soy un santo, ni un demonio como intentan últimamente colgar el cartel algunos de mis "amigos"

Aunque pensándolo mejor, nunca lo fueron, estas personas que estaban a mi lado y que ahora no están.

¿Realmente que es lo que nos pasa?

Existe una conexión perfecta entre corazones paralelos, que nos mantiene unidos en la tierra y en los cielos.

Somos capaces de ser felices y hacer felices pero ante todo tenemos que permitirnos aprender y crecer interiormente.

Hay que pensar mejor, no hay que ser tan negativos porque llega un momento en que todo conspira contra uno, la envidia no es buena y mientras se está entre los desafortunados, entre los denominados "tontos" los que se les puede manejar no pasa nada, en cuanto te despegas y tienes tu propia valoración de la vida, ya es malo.

Tenemos la capacidad de pensar y tener nuestros propios pensamientos, no hay que tener miedo a sacarlos a la luz, porque entonces se verán quien te acepta tal cual eres, es cuando empiezan a correr a nuestro alrededor los falsos amigos colocando trampas a tu alrededor, somos tan crueles que nos alegramos cuando alguien de nuestro entorno le pasa algo malo... ¡Qué pena!

Siempre he creído en las personas en la bondad del sentimiento más noble puro y duradero, que no tiene otro nombre que ¡¡el Amor Verdadero!!

Trato de reinventarme

Trato de reinventarme todos los días trato de sacar lo mejor de mí y lo peor tirarlo en una bolsa bien cerradita para que no vuelva a salir, es bastante difícil, pero me inventé, o me reinvente soy una ficción o soy la realidad de mis sueños. Me inventé yo o me había inventado alguien que no era yo, me miro al espejo me pregunto quién soy es igual. Lo que importa es que vivo dentro de la ficción o la realidad y mi vida es más que mi existencia pero a fin de cuentas. ¿Qué importancia tiene la realidad? Es más: ¿Qué es la realidad? Es lo que no dejo de preguntarme cada día:

Pensaba en unos ojos descansados, en unos dedos que iban hasta ellos, para quitar el cansancio y lentamente me levanto de la cama.

Pensaba en unos brazos abiertos y acogedores que se estiran a lo alto como tratando de alcanzar algo maravilloso y buscando y buscando encontré algo maravilloso, más allá del horizonte.

Una sonrisa seductora y llena de cariño, que extendía y ofrecía su amistad sincera y mientras tanto los primeros rayos de sol fueron saliendo a través de la ventana.

Hoy va a ser un buen día

¿Quién soy?

¿Qué soy?

Soy fuerza, soy mujer, soy persona en un volcán en erupción, la lava de mi volcán, son mis ideas, y palabras que van saliendo libremente.

Pensaba en la noche que estaba terminando mientras el cielo clareaba, entre mis sueños y, trataba de hacer claro lo oscuro, todo para sacar fuerzas de flaquezas.

Tengo tanto de real como de enigma.

SOLO TENÉIS QUE ENTENDERME.

Caminante no hay camino se hace camino al andar

Caminante no hay camino se hace camino al andar y en el andar por nuestra vida, encontraremos diversos caminos, con espinas de esos que al pasar nos dejan marcas en nuestra alma, caminos de piedras cuesta arriba, esos que nos cuesta poder seguir, nos agota nos provoca, sed, sed de ayuda, necesidad de no caminar solos, de una mano amiga que nos ayude, es ahí cuando nos sentamos en una piedra, y pensamos que es imposible avanzar, pero cogemos fuerzas y aun ante la adversidad continuamos, pero nos encontramos con algo aun peor un callejón sin salida, nos derrumbamos, nuestro corazón se encoje ante tanta injusticia, nos amargamos caemos en pozo depresivo, y creemos que llego el final que no hay salida, pero cuando menos imaginamos aparece la luz, una nueva luz en nuestra alma rompe con la y vemos que detrás de ella existe un camino hermoso, lleno de paisajes hermosos, con flores, un sol radiante, y comenzamos a caminar en el, luchando por la búsqueda de la felicidad, y nos parece sentir unos pasos, ahora ya no caminamos solos, ahora podemos mirar a nuestro lado y observar que no estamos solos, que tenemos gente a nuestro alrededor dispuesto siempre a echarte una mano nos da fuerzas aun sin verlo, solo con sentirlo, porque en realidad siempre estuvo, ahí solo que no nos deteníamos lo suficiente a buscar.

No hay que conformarse con espinas, con piedras, con dolor.

LEVÁNTATE Y CONTINUA LUCHANDO, DESPUÉS DE LA TORMENTA SIEMPRE SALE EL SOL.

Los falsos amigos

Con evidencia se reparten los infiernos para recorrer caminos inciertos, la vida se tambalea y es un poco incierto nuestro destino, no construimos nuestras cadenas para conquistar miradas, para seducir cuerpos para reír, aunque sea unos instantes, con miedo hallan sueños esperanzadores, descubrimos terror en su rostro de hipocresía con impaciencia para saber que todo va a ser logrado.

Nos gusta linchar y lapidar tenemos necesidad de sangre se sigue buscando entre las almas perdidas, almas confusas, almas cobardes, y almas infelices, que proclamen un gramo de paz, un poco de tierra santa, y un cuarto de luna para ser rescatado.

También buscan un líder, que razone y les conduzca más fácilmente como líder, que haga temblar, que haga y deshaga a su antojo se hacen con la voluntad de estas personas sin personalidad, sienten que hoy puede ser el día más fácil.

Hay que aprender a escuchar

Vivimos a tal velocidad que no vemos las cosas que tenemos a nuestro alrededor, no somos conscientes y somos tan egoístas que nos compadecemos continuamente de nosotros mismos, son los otros los que siempre tienen la culpa, que triste, nos ponemos una venda en los ojos para no ver lo que pasa en nuestro entorno y en nuestro camino con esta venda puesta, nos perdemos muchas cosas hermosas, las cuales no somos consientes sé que a veces es más fácil hablar y abrirte con quien no conoces, terminas confiando en extraños y te llevas sorpresas muy gratas encuentras gente con una vida tan paralela a la tuya, con los mismos sentimientos, los mismos miedos y temores alguien tan parecido a ti que parece increíble que sea posible y descubres que nada es único y que si pusiéramos todos un granito, el paso sería más cercano.

La mayoría nos quejamos sin saber en realidad el motivo, pero ocurre que cuando realmente, necesitamos ayuda, nadie viene a ayudarte, hay tanta gente sola de verdad, me viene a la memoria una persona en el autobús, no recuerdo como empezó pero sin darme cuenta me estaba contando la historia de su vida, desahogarse es muy bueno es una manera de sacar todo lo que te oprime y quiere salir, porque te abrasa, escuchas historias verdaderamente tristes, gente abandonada, maltratada, mal de amores son las más comunes, sobre todo hombres, pues este día en el autobús, este hombre me toco la fibra más sensible de mi corazón, que desconsuelo habitaba en todo su ser, yo solo pude escucharle con mucha paciencia, me daban ganas de decirle, que todo tiene arreglo, que solo hay que sacar el coraje para salir, pero no fui capaz, cuando llego el final de la línea, solo pude desearle buena suerte, cuando me disponía a salir, este hombre con lagrimas en los ojos me dijo. "Gracias me has devuelto la vida solo por escucharme, me has devuelto la confianza en las personas. Me hizo sonreír me hizo sentir bien me lo tomé como un reto personal y él sabe que lo sigue siendo, que sigo pendiente de él, aunque ya no quiera morirse.

A las mujeres nos es mucho más fácil llorar en el hombro de una amiga o un amigo una pena, pero los hombres, les resulta más difícil sacar ese lado, hay ese miedo en su interior, la educación recibida desde muy niños, les enseñan que los hombres no lloran, ¡¡¡Sí!!! Eso se decía antes, gracias a Dios que esto está cambiando, habrá alguno que no, pero sí lo hacen, los hombres si lloran y sienten, aman y padecen. No por eso son menos hombres.

Desnudando mi alma

Hace mucho tiempo, caminando en esto que se le llama vida he ido descubriendo muchas cosas, todas diferentes, me paro en las que me llaman la atención, en otras continuo porque no merece la pena.

Hace mucho tiempo que camino de frente (siempre lo he hecho), me gusta la gente sincera y directa, que no te engaña con sus verdades a medias, ni intentan disfrazarse detrás de una careta, con el fin de no sé qué cosa.

Hace mucho tiempo, que me gusta contemplar cómo se deslizan las hojas en un reguero de la calle cuando llueve, el canto de los pájaros por la mañana y contemplar la nieve inmaculada en las montañas.

Hace mucho tiempo que me he trazado una senda, mi propia senda, en la que intento ser integra con mis propios principios y demostrar con hechos mis palabras, voy por la senda del norte, como un viajero más en este duro caminar, donde siempre he medido con mi metro y pagado con mi piel lo que la mañana me ha traído.

Atrás dejo todo quien quiere causarme daño, a todo quien levanta humo denso, con el fin de confundirme.

En este camino, sólo gente buena me acompaña, gente sin envidia ni preocupada de cosas banales

Duermo junto a ellos en las noches en la que alguna tormenta se acerca, aprovechando las noches oscuras se camuflan entre ese momento de tranquilidad y beso al cielo que nunca está desnudo porque siempre un vuelo de luceros le guardan.

Por las noches, miro a las estrellas, ellas me cobijan de todo lo malo que me ronda y su manto me acompaña, jamás pierden su esplendor indicándome la ruta que abre mi corazón, el alma me acaricia, en mi pecho no hay cansancio, sólo fluye un sentimiento luminoso y puro que me hace tocar la cruz eterna de mi espada.

No hay distancias que recorrer, todo a medida que avanzamos se acerca, la mañana es la dulzura, la tarde mi alegría concentrada y por las noches reclino la frente y sueño, tranquila con los deberes.

Amanece en mi corazón, una ligera brisa en el horizonte despeja mi camino ante los surcos, del nuevo día te prepara, hoy es un día nuevo, hoy hay retos que afrontar, y escucho en el vacío donde ahondan las palabras, donde se muestran las voces sin voz, donde el silencio desnudo resucita mi mirada y vuelo a la cumbre más lejana.

Esa que solo conozco yo.

Recordando a mi abuela

Es tan sublime el Amor, la inocencia de los niños, la mirada sin maldad con que miran el mundo; se dejan llevar por lo que para ellos son seres admirables y que lo saben todo. Buscan, cuando están perdidos, el consuelo de su madre, el susurro de sus palabras, reclaman cariños y caricias, cómo envuelven sus cuerpos con abrazos, como la madre protege y cuida a este diminuto ser que es capaz de dar tanto cariño y amor sin egoísmo. La llama, la compara con la luna y le regala besos de estrellas.

Revolviendo en el baúl de mis recuerdos, he vuelto a esta edad, ojeando un viejo álbum que mi madre tenía en un cajón olvidado, he rescatado de él un montón de fotografías, siempre he sido muy sentimental.

Recuerdo a mi abuela, una mujer bonachona, recuerdo el olor a tierra húmeda, el pan recién horneado por la mañana temprano, su voz alegre cantando canciones de aquella época, el cocidito madrileño, ojos verdes, etc.

Su perfume preferido, toda su ropa olía a ella, ese amor que le profesaba a su marido, mi abuelo. Se respiraba orden.

Mi abuela era una persona de armas tomar, tenía mucho temperamento, tuvo 7 hijos y una guerra de por medio.

No fueron tiempos fáciles, ella sola sacó adelante a sus hijos pequeños. a mi abuelo le metieron en la cárcel.

Esta mujer pequeñita pero de gran corazón, la que se pasea constantemente por mis recuerdos.

Hoy le quiero dar mi homenaje particular.

Basilisa, ese es su nombre, para mí siempre seguirá entre nosotros.

Trigo, avena, almendra, te quiero, te siento, es mi locura, te presiento, cada día beso tu fotografía.

Sigues por la casa, recuerdo tu voz, te sigue por la casa, en el campo, en el mar, donde quiera que vayas.

Yo sé que velas por mí constantemente para que esté sana y salva.

Te quiero, abuelita.

En un lugar muy cercano

Hay un lugar muy cercano, donde las cosas se sienten y se ven de distinto modo, cada cosa tiene distinto significado, un sitio donde el gato tiene tres pies, donde los duendes se dedican a construir dos palacios, el de la verdad y el de la mentira. Los ladrillos del palacio de la verdad se creaban cada vez que un niño decía una verdad, y los duendes de la verdad los utilizaban para hacer su castillo. Lo mismo ocurría en el otro palacio, donde los duendes de la mentira construían un palacio con los ladrillos que se creaban con cada nueva mentira. Ambos palacios eran impresionantes, no se sabía cuál era el más hermoso, eran los mejores del mundo, y los duendes competían duramente porque el suyo fuera el mejor. Lo peor de esta historia, es que tantos unos como otros, se dejaron llevar por personajillos externos, dejando paso al desconsuelo.

Sería estupendo

Dichosos nos podemos sentir cuando tenemos a alguien a quien le puedas confiar todos tus secretos, cuando alguien necesita que lo oigas.

Saber callar y poder compartir sus silencios, escuchar su risa disfrutando de la misma manera, sentir el murmullo de la brisa de tus pensamientos.

Poder disfrutar la vida y no desperdiciarla en estúpidas guerras internas y en preocupaciones varias. Sería estupendo reconocer que te has equivocado y tener el valor de decir lo siento.

Sería estupendo sonreír y mirar con optimismo hacía delante, porque es de la única forma que no nos la peguemos.

Si nos encontramos con algún obstáculo, tener la fuerza de voluntad para decir: "yo puedo superarlo".

Mirar y tener la certeza puesta en un ideal y pese a todos los problemas, poder ofrecer una sonrisa. Cada día hay que luchar por tus ideales aunque estos parezcan difíciles de obtener, que nadie te los ahogue, con la desconfianza. "El que persevera alcanza".

Después de todo, siempre habrá alguien dispuesto a tenderte una mano para ayudar a levantarte

Pero te digo un Secreto:

YO YA LO HICE, GRACIAS POR TENDERME ESA MANO AMIGA.

Qué difícil es a veces actuar

Qué difícil es a veces actuar con eficacia y serenidad ante las circunstancias adversas que se presentan, sin agredir a nadie de palabra, pensamiento y obra, asumir que soy totalmente responsable, del resultado de mis decisiones. Qué difícil es respetar el pensamiento de las personas que me rodean, sin pretender cambiar, comprendiendo que cada quien hace lo que mejor puede, con lo que mejor sabe y yo no soy quien para juzgarlas. Que difícil es valorar lo que poseo sin quejarme de lo que carezco,
aunque sé que el que no valora lo que tiene está en camino de perder lo que necesita.

Pero por sobre todas las cosas, lo que más difícil me resulta es adaptarme sin reservas al lugar donde me corresponde estar, y renunciar a huir de allí, y de las situaciones que esto genera.

Pero a través del tiempo que llevo vivido, pude comprender que es una falsa ilusión creer que la felicidad esta en lo externo, y que es inútil buscarla en otros lugares que no sea en mi interior.

Jugamos con los sentimientos de otras personas, provocando dolor.

Pero recuerda siempre que amar profundamente a otra persona, es recordar nuestro ser y recrearlo, y en definitiva, es la única manera posible, de mantener el diálogo abierto.

Una historia de amor

Vivimos una historia de amor cómo un acto de magia, surgiste en mi vida, todo cambió con tu llegada, encontré dicha hasta en las cosas más simples, me enseñaste los colores de la vida, no dudes cuán grande es mi amor, sólo mira mis ojos reflejados en los tuyos, escucha cómo mi corazón late al compás del tuyo.

Te pienso cada minuto del día, sí antes que te vayas ya te extraño, tengo tu imagen gravada en mi corazón, cada vez que apareces quisiera detener las horas, que las agujas del reloj se detuvieran para siempre, para que la eternidad sea nuestra compañera.

Miro ese cielo en noches que no te veo, te busco deseando ver tu rostro reflejado en esa estrella lejana que miro sin cesar.

Es tan obvio mi amor, conocerte es lo mejor que me ha ocurrido, te amo y no puedo evitarlo, disfruto cada suspiro, este mar de sensaciones, en este cielo.

Hoy cada mañana es distinta, hoy cada día tiene otro color, mi alma me hace vivir, me hace sentir la vida de otra manera. Hoy todo me sabe a ti, te amo cielo, de una manera que aún no logro explicar, pero ¿sabes? hoy sólo me basta eso, saber que te amo, saber que estás allí y para mí.

Me gusta la gente sincera

Me gusta la gente sincera, que viene de frente y te mira a los ojos, no me gusta las personas falsas y embusteras que son capaces de hacer lo que sea por alcanzar sus objetivos, sin importarle los sentimientos ajenos. Me gusta la gente que crea ideales nuevos.

Me gusta la gente que ríe y hace feliz al que está a su lado, la que reparte sonrisas, la gente que llora y se emociona, cuando contempla un bebe, cuando a tu lado está. Me gusta la gente que comparte contigo una caricia, una canción suave, una buena película, un buen libro, un gesto de entrega, un mimo.

Me gusta la gente sana con sus grades nostalgias, disfruta con los amigos, que siembra, que riega y en el transcurso del camino, admira paisajes, sabe escuchar, gente que tiene tiempo para sonreír, tiempo para ayudar, regalar pedir perdón, repartir ternuras, compartir vivencias y emociones.

Gente tranquila, con calma, nerviosa e inquieta, con sus ideales y sobre todo, a gusto consigo misma.

En definitiva, me gusta la gente transparente, con un gran corazón, sin odio, sin envidias y con mucho amor dentro de sí.

Gente que no mienta y que al mirarla a los ojos veas lo que hay dentro de su alma, porque en ellos está la verdad de su ser.

Vives dentro de mí

Vives dentro de mí, vivo adentro en ese corazón que ahora late tan fuerte, mezclar los colores y perfumes en el aire, placer que anhelo, esencias de ensueño, que hacen fantasear.
Perfumes a eucaliptos, despejan la mente, sientes su aroma, aromas de rosas, presumidas y cándidas, revela tu inocencia, ha renacido el arcoíris.

En su resplandor reparte la esencia de canela en miel, llena de ternura, te enseñan amar.

Olores de rosas, coquetas e ingenuas, como los sentidos te hacen viajar a soñados destinos.

Revela tu inocencia, saca en ti lo mejor de tu voluntad incitada por esencias, tocada por la sensualidad.

En el país de las maravillas lejos de la realidad, volando por mi mente, te espero amigo, no te lo pierdas, ven conmigo, te llevo a soñar.

A mi amiga soledad

Mi amiga soledad, quiere hablar conmigo, en el más grande de los silencios, sola, con mis propios pensamientos, en el silencio de la noche, puedo escuchar a mi alma hablar, puedo decir que es bastante sensible, cada día encuentra algo distinto que sentir, algo emocionante, por eso en mi habitación, en penumbras viene a visitarme, suelo cerrar mi puerta con llave para que nadie interrumpa mis conversaciones, mi amiga soledad no se altera me cuenta cosas, de lo que aún no sé. La forma más fácil de escucharla es escribiendo todo lo que ella dicta, siempre se desborda sobre las letras y logra combinaciones maravillosas, me cuenta secretos que nadie ha escuchado jamás, y cuando todos sus consejos y sugerencias la tomo en cuenta, en mi día a día la gente a mí alrededor me percibe especial, hay que saber entenderla, es una amiga muy especial.

Las razones de la vida

Un minuto sirve para sonreír, sonreír para el otro, para ti y para la vida, despiertas y te das cuenta de que todo lo que te rodea no es real, que en tu interior vas creando tu propio mundo y que tu mundo lo vas haciendo a tu imagen y semejanza, en el camino te paras admirar una flor, sentir su perfume, sentir el césped mojado, percibir la transparencia del agua, pero entre tanto hacer y soñar, he decidido que mi corazón se merece un "homenaje", después de tanto sufrimiento, de tanta traición, de tantas heridas, después de tanto dolor, he ido recogiendo aquellos pedacitos y los he ido pegando.

No lo he hecho sola, utilicé el mejor pegamento para ello, un pegamento que con el tiempo va uniendo las piezas y las hace incluso más resistentes, ya es más difícil que se vuelvan a despegar, no es irrompible, porque estoy segura de que se romperá de nuevo.

He sido muy cuidadosa y sutil y con mucho cuidado he ido uniendo poco a poco los pedazos con un ingrediente universal que se llama apoyo, apoyo de mis seres queridos, cariño de mis amigos y esperanza de que algún día alguien pueda echarme, ese yodo que haga cicatrizar mis heridas para siempre.

Para ti, corazón eres mi compañero, este compañero que sufre con los que sufren y se conmueve y se alegra también. Porque has estado ahí siempre conmigo y has sufrido, y has llorado, pero también has vivido el amor y has sido fuerte para no decaer, y que tras una dura rehabilitación as salidos vencedor, ya estás listo para volver a confiar.

Feliz día de la mujer

Mis queridos amigos, hoy en la distancia y con la mano en el corazón os deseo un feliz día de la mujer trabajadora, para aquellas que se encuentran afligidas y creen que ya no pueden más, para las que no tienen un momento de descanso ni para celebrar un ratito este día, en este mi día, tu día, nuestro día, te digo mujer levántate y sé valiente, lucha por tus sueños, tus anhelos, tus ilusiones, tu vida y creé que será posible. Desde la distancia quiero levantar mi voz y desde este pequeño rincón os quiero decir —no desesperéis, que el tiempo todo lo cura y todo llega, es nuestro tiempo—.

Todo tiene su tiempo, todo tiene su tiempo y todo lo que se quiere debajo del cielo tiene su hora.

- Tiempo de nacer, tiempo de morir.
- Tiempo de plantar, tiempo cosechar.
- Tiempo de matar, tiempo de curar.
- Tiempo de destruir, tiempo de construir.
- Tiempo de llorar, tiempo de reír.
- Tiempo de lamentar, tiempo de disfrutar.
- Tiempo de abrazar, tiempo de distanciarse.
- Tiempo de buscar, tiempo de tener.
- Tiempo de guardar, y tiempo de dar.
- Tiempo de romper, y tiempo de crear.
- Tiempo de callar, y tiempo de hablar.
- Tiempo de amar, y tiempo de odiar.
- Tiempo de guerra, y tiempo de paz

Así, queridas amigas, salgan adelante como mujeres fuertes e inteligentes, no nos pusieron en la tierra para ser el equilibrio sin hacer mucho ruido, tú eres valiosa, porque fuiste escogida para dar grandes frutos Y SER VENCEDORA DE TUS PROPIAS BATALLAS, UN FELIZ DIA.

Mi alma

alguna vez, en algún lugar, cerca de mi pensamiento lejos de mi soledad habita la mujer viento, la mujer agua, la mujer tierra, no sé si soy la que fui o si seré la que soy, simplemente soy como soy con mis defectos y virtudes, me tenéis que aceptar porque así es como soy, sin tapujos ni mentira.

Me fascina caminar bajo la lluvia, sentir como me resbala y como cae cada gota, sentir golpear la lluvia bajo mis pies y el olor a tierra húmeda, soy libre sobre tierra con mis brazos hacia el Sol y mi pensamiento fiel unido a la enredadera por donde se busca ese sentido nuevo.

Soy ave de vuelo leve horizontal bajo el cielo no pretendo volar alto, sólo sostener mi vuelo me importa la vida nueva, me acompaño de mi canto, sólo sé que soy gaviota sobre el mar y bajo el Sol.

Esencia de mujer

Cada mañana, te levantas con ánimo de que la vida te dé una nueva oportunidad, frente al espejo corriges tu sonrisa para empezar un nuevo día, te preparas, tienes que ser optimista, el camino es duro, no tienes que tirar las ilusiones. ¿Cuántas ilusiones han volado en dirección a la nada?, agradeces cada respiro, cada suspiro, te ofreces y ofreces, porque es tu forma de darle sentido a tu existencia, servir, darle forma a tus sueños es una buena forma y es lo que te han enseñado, con lo que te sientes realizada.

Un café calentito, un consejo, silencio necesario, un abrazo, una palmada, una conversación. Muchos han recibido de ti tu talento, tu tiempo, una oración, una palabra de aliento. Tu atención es el mejor regalo, cuanta necesidad de afecto, cuanta necesidad de cariño, das todo sin esperar nada a cambio. Repartes tu amor, tu ilusión, tus sueños, tu cariño inagotable, a ti misma.

Tu vida es un ejercicio continuo de generosidad, compartes, disfrutas, lo haces porque te lo pide tu interior y lo que tienes lo ofreces sin egoísmos, sin envidia, sin avaricia. Eres ejemplo, eres esencia divina. "Eres esencia de mujer".

El Sentido De La Vida

Me considero una persona afortunada con más o menos suerte, soy más o menos simpática, más o menos responsable, las personas de mi entorno que me conocen me consideran una buena persona, vamos más o menos del montón, para algunas personas el sentido de la vida radica en la utilidad para vivir intensamente, para algunos hay que sacar provecho, sacar partido...

El sentido de la vida radica en seguir vivos, en seguir en la memoria de los que se quedan cuando ya no estemos, ya sea a través de la memoria de quienes nos rodearon o porque su nombre aparezca en un libro de historia.

Hay personas que no les importa los medios, ni las formas para llegar a un objetivo, lo más importante cubrir sus metas, llegar alto, superar retos.

Hacerlo realidad, sin importarle nada más.

Para mí es complejo y sencillo al mismo tiempo. Muchas veces nos empeñamos en tratar de darle un sentido más racional, más filosófico, creo que la vida no tiene más sentido que la existencia en sí misma, eso es lo que la hace grande. Las demás razones son más la necesidad de respuestas que muchos a veces buscamos.

¿Quiénes somos? yo soy Pilar, con sus complejidades, contradicciones y continuas búsquedas. Una persona excesivamente sensible que creo que se complica la vida a veces innecesariamente.

¿De dónde venimos?, seguramente tendríamos muchas respuestas para esto, vamos estoy convencida, aquí mucho me temo que tendremos que tirar de Darwin. Y aunque no niego mi curiosidad, diré que es de todas las preguntas la que menos me quita el sueño.

¿A dónde vamos? supongo que a nivel general no puedo deslumbrar, pero a nivel personal, espero ir camino de encontrarme, seguir creciendo, soñando, aprendiendo, seguir disfrutando. Espero ir cada día hacia una mejor valoración y superación personal.

El sentido de la vida, es vivir, y para mí además es vivir intensamente...

¿Y para ti, cuál es el sentido de la vida?

Esperanza

Es hermoso amanecer con la esperanza de que todo estará bien, prográmate a ti mismo de que este nuevo día trae grandes cosas, hoy me siento así, con ganas de sonreírle al mundo entero, de encontrar una ilusión de mirar con ojos de esperanza mi futuro y ver brillar muy cerca la intuición de algo bueno, es hermoso sentirte así, porque de hecho cuando lo haces te sientes bien, respiras más puro el aire y miras a todos mejor, creo que es cierto eso de que tú eres un imán ya sea para lo bueno o para lo malo hoy decido ser un imán para lo bueno para las personas positivas, para la mañana clara, para una hermosa canción, para saborear rico los alimentos, para mirar la belleza en el ser humano, en fin, hoy quiero mirar al mundo como un mundo ideal, y es algo tan fácil, que me pregunto porque generalmente el ser humano tiende a fijarse más en lo malo que en lo bueno, enfatizamos en gran manera nuestros problemas y casi nunca hacemos lo mismo con nuestras cosas buenas, eso nos complica la vida cuando en realidad esta podría ser un poco más fácil como nos programemos, la vida tan linda como la queramos mirar, tan fresca como la pensemos sentir, tan dulce como se nos ocurra saborearla, tan nuestra como decidamos hacerla y todo depende de nosotros, de nuestra actitud , de lo que en ese momento decidamos vivir, imagino al mundo si todos decidiéramos vivirlo bien, pensando en la solución positiva de nuestros problemas sin enfrascarnos en el estrés en el desanimo o el dolor, viviríamos más tiempo y de mejor modo, ojala pueda ser mientras me quedo con mi día , para disfrutarlo, para mimarlo, para vivirlo.

Un deseo, un sueño, una promesa de eterno amor

Deposito mi sueño en ti, hago de tu cuerpo fruta de mi pasión, ven quiero perderme en tus labios mi esperanza en cada caricia riega mi dicha, mi ilusión en cada mirada se anima, mi amor en cada segundo de mi vida cautiva.
Rescátame de esta noche sombría y amarga.
Tócame, libera todo lo que llevas dentro todo es para ti hazme sentir tu ternura infinita, tócame, para que pueda gozar de tu calor y de tus ganas de amarme, tócame eternamente, hasta fundirnos en un solo yo.
Éste nuestro amor es un regalo del cielo y contigo lo quiero vivir.

Por más grande que sea el problema

Por más grande que sea el problema o las cosas nunca te calles, haz que los demás te escuchen….

Tú sólo ves lo que tus ojos quieren ver tenemos que estar abiertos a nuevos horizontes, nuevas esperanzas la vida te enseña que en cada esquina, en cada recta del camino hay nuevas esperanzas alguien que te extiende la mano sin otro interés que el compartir.

Caen las caretas deshumanizadas tras las miradas entusiasmadas hombres sin rostro desesperanzados buscando.

¿Cómo puede la vida ser lo que tú quieras que sea?...
¿Cómo afrontar la vida?

Estás congelado cuando tu corazón no está abierto y te consume tanto como tienes.

Pierdes el tiempo en odio y remordimiento. Estás roto cuando tu corazón no está abierto…

Alguien dijo" Si no te gusta lo que recibes de vuelta, revisa muy bien lo que estás dando.

Dejemos los odios rencor de lado y procuremos compartir lo mejor de la vida….

"LA AMISTAD"

Vivir en paz con uno mismo

En los tiempos que vivimos, estar en paz con uno mismo tiene un gran valor es necesario mucha serenidad y el cese de la guerra en nuestro interior, librar batallas inútiles que nos roban energía positiva.

Hacer la Paz con uno mismo supone olvidarse de los rencores, odios, rencillas, celos o envidias, el miedo a lo desconocido y de todo aquello que nos falta por hacer.

Vivir en Paz con uno mismo, implica decidir en qué ocuparemos nuestro bien más preciado el tiempo, no podemos malgastar la única energía vital de la que disponemos en un sufrimiento constante que nada produce o por el contrario la dejamos vestirse en un mar de angustia y de ansiedad, o nos decidiremos por aceptarnos tal como somos.

Hay que disfrutar de lo que hoy tenemos en nuestras manos está esa llave de la decisión.

Vivir en paz con uno mismo

Las lágrimas purificación del espíritu y mente

Las lágrimas purificación del espíritu y mente, estado de ánimo en el que fluyen sentimientos su función es limpiar nuestro organismo, nuestro espíritu.

Dicen que todo tiene un porque, un fundamento y una lógica, alguna vez os habéis preguntado el porqué del llanto, nuestro organismo se defiende con el llanto...

¿Para qué sirven las lágrimas?, ¿por qué tenemos que llorar?

Liberan toxinas. Los antiguos entendían el término catarsis como la purificación del cuerpo y la mente este proceso está muy relacionado con el proceso del llanto, el llorar es una manera de purificar nuestros sentimientos, dejar que corran por medio de las lágrimas los dolores, los rencores, las pasiones, las tristezas y las dichas, hace que todo sentimiento sea más puro, más limpio, más original y nuestra rabia se convierta en una paz infinita, estamos limpiando nuestra alma de lo malo, de lo que lastima, de lo que no sirve lo expulsamos y nos quedamos solo con lo bueno con alegría, todos mis momentos llorando no fueron una pérdida de tiempo como siempre han sido momentos de purificación interina, minutos en los que se pulía mi alma, en los que mi valor de ser humano se hacía autentico.

Las lágrimas corren liberan todo lo malo de nuestro ser mientras son ellas las que nos regalaran sonrisas cumplen su misión purifican, hay que sacar el lado positivo de nuestras lágrimas y sus beneficios todo tiene un porqué cuando lloremos la próxima vez sabremos que hay algo malo dentro de nosotros que necesita ser expulsado con mucha urgencia quizá este sentimiento se transforme... ah es perfecto me siento libre al saber que llorando me he convertido en lo que realmente soy.

Abuelito

Abuelito quiero contigo un ratito jugar, pero que no sea al ajedrez, cartas, adivinanzas, ni a los bolos jugar, porque a eso no me ha enseñado mama.

Toma mis manos, ven a jugar, que yo te voy a enseñar, ¿estás cansado?, bien, vamos a descansar. Mientras me cuentas historias de duendes y hadas, para un ratito con ellas soñar.

Abuelito, mami dice que eres muy sabio, así que dime ¿por qué cantan las aves?

¿Por qué las estrellas brillan en la oscuridad?

Anda abuelito no te duermas, tengo mucho que aprender de ti, vamos abuelito, anda, vamos a volver a jugar, la tarde nos ha llegado ya, vamos, ¿te ayudo? , toma mi mano que a casita te voy a llevar, mañana vendré temprano para que juntos, abuelito, volvamos a jugar. ¡te quiero mucho abuelito!

Sin rumbo

Mis pies me llevan por caminos perdidos encontrando hojas prendidas en el viento, sombras que pierden color, colores hermosos vivos y cálidos, oro en tus manos, temblor en mi voz, susurro sediento de palabras, ruidos buscando su eco, cartas perdidas olvidadas quizás en un cajón, pasiones en mí, pasiones encontradas, montes que buscan el sendero, palomas ahogando su voz, lento es el tiempo entre tú y yo, entre tú y yo danzan las horas, marcos pudriendo paredes, cuadros pintados hacia atrás, ventanas sin manillas reflejan tu rostro distraído y despreocupado, reflejo de mundos paralelos sin tocarse, especies repletas de fe, carmín en mis labios que me hablan me hablan de ti, nubes secas de miedo, tormenta aplaudida por un ser superior, al margen lo recuerdo al vivir, no pienses, mas no dejes que tu mente te atrape, levántate y muéstrate. Escribo en tu pelo en negro con el blanco de mis ojos, camina despacio, sin prisa pero con pausa, lento es el nudo entre tú y yo, solamente entre tú y yo.

Amo profundamente

Amo profundamente la poesía y la prosa, amo el romance, la dulzura, la sensibilidad y la suavidad de tus caricias, amo tus ojos penetrando con tu mirada mi cuerpo, él silenció de una caricia, la respuesta de tu contacto.

Amo el verso dentro de los labios que pronuncia las palabras en el cauce de mis sentimientos, el placer, el deseo de tu cuerpo, el deseo de tu cuerpo por el simple placer de tenerlo.

La respiración jadeante, cuando te ahogas y ya no puedes más, el éxtasis del momento, ese que parece eterno donde se paraliza tu alma y renace tu calma.

Amo besar tu espalda, suave y llena de pequeños lunares y ver como se eriza la piel cuando voy explorando cada palmo de tu ser, hacer el amor rodeada por tus brazos vaciar sobre el vientre unas gotas de miel y ver como tu sudor y mi sudor se entremezclan, poder sentir tu humedad.

Dos pieles que se juntan y se hacen un solo cuerpo. Amo las comisuras de tus labios, poder tocar el paladar de tu imaginación y llegar hasta el éxtasis Umm tocar el cuello y poder empezar a investigar donde comienza las vértebras. Sentir el cabello sobre mi cara.

Amo los dedos que hacen un juego infinito y poder beber los jugos del amor.

Amo la inspiración que tengo y la pasión que mi cuerpo emana.

Amo la exhalación que sale de la boca y los quejidos de la garganta, la lujuria que nace de un solo roce y la energía de las pieles que se atraen.

Amo el amo, el goce por el sabor encantado, disfrutar del color de las rosas, comer frutas mientras amo.

Todo cuanto vivo y me regala mas deseo seguir viviéndolo y amo más cada día, amo mi vida convertida en poesía.

Somos el equilibrio de la naturaleza

Hay distintitos modos y distintas causas, por las maneras te conocerán, mis queridos amigos la vida da muchas vueltas y por los motivos que sean, "la vida" nos da muchas oportunidades de hacer o deshacer.

A veces tengo tantas cosas que decir que no me salen las palabras así que hoy decidí contar todo lo que siento desde aquí, desde lo más profundo de mi corazón.

Las mujeres amamos con el corazón, tenemos tanto que dar que se escapa por cada poro de nuestro ser, nuestro amor es tan profundo que cuando pasan los años, nuestro amor tiene mutaciones especiales, a veces rabia, a veces pasión, pero siempre va unida al perdón, nuestras pasiones son eternas y profundas, llegamos a tener un corazón tan grande que nuestro amor da cabida a muchos seres hermosos, que entran en tu vida con la esperanza de compartir contigo ese corazón.

Somos el equilibrio de la naturaleza, cuando observas, ves mas allá de lo que hay delante de tus ojos, la esperanza perdida de los que no tuvieron ilusión estamos por encima del bien y el mal, somos las que mal o bien encauzamos los caminos y conducimos de igual manera a nuestros progenitores, porque somos apasionadas y luchadoras, y aunque a veces perdemos, de las derrotas aprendemos y seguimos adelante hasta vencer, la derrota misma, no nos dejamos doblegar, nos inclinamos cual junco en el aire luchando hasta el final, cuando amamos, cuando trabajamos, cuando protegemos, cuando estudiamos, nos hicieron menos, nos relegaron desde que nos crearon, quizás porque conocían nuestro poder interior, pero eso nos ha hecho más fuertes y equilibradas.

Sabemos amar y sabemos esperar, nunca nos derrotamos fácilmente porque el amor de una mujer a la vida es infinito, nuestra capacidad de casos imposibles es superior

Sé que no es lo mismo, ver un lindo jardín que descubrir en el, miles de vidas, en cada flor, en cada hormiga, que, organizadamente no para de trabajar en la tierra... que es el alimento de la naturaleza, un capullo de vida, la frescura del aire que está, pero no la sentimos, se olvida, pero está.

Sabemos transmitir este don magnifico, por eso se nos dejó el trabajo más duro y a la vez más tierno del mundo.
SER MADRES

Transmitir Seguridad y Tranquilidad

Cada día tengo más claro que aquello que pienso, es aquello que tengo intento crear y a la vez transmitir seguridad y tranquilidad en mi entorno por lo tanto cada día intento cuidar más mis pensamientos
A veces lo que pienso, se manifiesta muy rápido tengo ligero mi corazón y se libera muy fácilmente...Otras, sin darme cuenta he manifestado en mis pensamientos aquello que no quiero, pero ya está pensado.
Hay que reeducar la mente si no queremos atraer a nosotros todo lo negativo a nuestras vidas, es curioso la rapidez que crecen y se multiplican los problemas
Ahora atraigo a mi vida un incremento sustancioso en mi ingreso económico.
Ahora atraigo a mi vida una vida sin enfermedades.
Ahora atraigo a mi vida un cuerpo sano, saludable y esbelto.
Yo soy un imán de atracción de milagros.
Quiero atraer a mi vida todo lo bueno, todo lo que me aportará felicidad
Para ello, voy a seguir trabajando mi pensamiento positivó
Aunque a veces tenga la debilidad de atraer lo negativo.
Seguiré trabajando para atraer lo positivo.

Cada minuto que pasa es una oportunidad de volver a empezar

Amigos del rincón hoy estuve leyendo los comentarios que me dejan y les doy gracias por brindarme su tiempo y su interés, de hecho, no soy poeta ni escritora, solo soy una mujer que desgrana los sentimientos escribiendo, siempre me ha gustado mucho escribir mis vivencias de niña mi madre me compró un diario y todos los días le contaba lo que me pasaba. Soy hija única y quizás vivía un poco aislada del mundo real.

Nunca imagine que aquí, en este medio de comunicación llegaría a conocer tanta gente buena, tantos y tantos amigos, poder expresar mis sentimientos, conocer personas tan bellas, bellas de alma, personas capaces de darme su tiempo, sus consejos, sus deseos de felicidad. Amigos, me han marcado para siempre una huella imborrable, cada día es una constancia y un querer lo mejor, así soy feliz, amigos los tengo presente, ninguna historia es igual, cada individuo es único e irrepetible hay momentos de dolor, de separación, de tristeza, remar contra corriente pero con la ayuda de todos parece que te cuesta menos avanzar la salida está más cerca, tanto que lo logramos, por eso sabemos que Dios nos creo para amarnos cada día más. Pero no es con "envidia" como se consigue sortear todos los obstáculos, sino con unión y amistad, estamos juntos por ese lazo invisible, esa fuerza interna, fuerte, creo fervientemente que cada uno de Vosotros.

Vale la pena vivir, porque cada minuto que pasa es una oportunidad de volver a empezar

Creo En Lo Que soy, Creo en Mí

Es increíble la capacidad que tenemos de reciclarnos de volver a dar un empujoncito a nuestra vida maltrecha y llena de obstáculos aunque estemos cansados, siempre tenemos a alguien que te ayude y te dé ánimos para continuar, pero empujoncito tras empujoncito se va recorriendo un camino.

Hay veces que vemos pasar nuestra vida ante nosotros yo en la mía he recibido muchas cosas: afecto, amor, cariño, mucho. En lo material de igual manera, regalos, presentes, muchas cosas que en el momento te hacen sentir bien.

Pero nada se compara con la satisfacción que sientes dando (amor, cariño, afecto) y en lo material también, es satisfactorio dar sin esperar recibir, a quien en verdad necesita, a quien por pequeño e insignificante que sea lo que des, te lo agradecen hasta el alma... sin falsos sentimientos, sino que te hacen sentir que eres la persona más importante en el mundo y eso no se compra con dinero, no busco NADA a cambio, solo sentir la satisfacción de hacer lo que tengo que hacer, dar todo lo que esté a mi alcance, por insignificante que parezca, para alguien es el UNIVERSO, lo importante es no perder nunca la esperanza de tener un sueño. Luchemos por los sueños que nos propongamos.

Hoy al abrir myblog me encontrado con este regalo que me ha traído mi amiga Alada me ha gustado mucho la canción por eso la traigo aquí con el orgullo de ser tu amiga.

Gracias Alada siempre tienes la palabra apropiada de consuelo, estamos pasando por una mala racha de enfermedades en mi casa, espero que pronto nos recuperemos y sigamos dando lata como suele ser, como dice el refrán a perro flaco todo son pulgas.

Nunca Es Tarde

Hoy me cuestiono cuál será el mejor modo de enfrentar nuestra realidad, siempre trato en lo posible, de impregnarme con todo aquello que riegue mi alma, evito el DOLOR porque provoca emociones devastadoras para mí me asusta esta fragilidad, porque no comprendo tal sensibilidad. Nunca te quejes de nadie, ni de nada, porque fundamentalmente tú has hecho lo que querías en tu vida, es como regresar a esas vivencias, Acepta la dificultad de edificarte a ti mismo y el valor de empezar corrigiéndote. El triunfo del verdadero hombre surge de las cenizas de su renacer, Morirás cada mañana y renacerás al anochecer, véncelo y renacerás Como un héroe. Tu meta siempre ha de ser ganadora. Por eso que de mis labios, la mejor palabra que pronuncio, es AMOR confianza, esfuerzo, unión, la unión hace la fuerza me preocupo enormemente de que en mi entorno exista Armonía y debo utilizar los elementos que estén a mi alcance. No hay nada mejor que moverte y vivir en un entorno donde se respira paz. Y lo logro. Entre todos los misterios, hay que tener mentalidad ganadora, procuremos salir como vencedores en la vida y no como fracasados es la única manera de tener el suficiente empuje para seguir adelante y gritar al mundo entero "Aquí estoy nadie va a poder conmigo porque soy lo suficientemente fuerte para luchar con mucho que se empeñen algunos.

Recuerdo con mucha emoción, cierta vez que pasaba por una estresante situación y no veía ninguna salida te invade un miedo y casi estaba llegando al borde de mis límites y estando sola algo raro, me sucedió algo que me reafirmó la existencia de algo SUPERIOR. Comencé a sentir el aroma de una fragancia y muy sorprendida, miraba de un lado a otro pero estaba sola. Cada vez era más fuerte y comencé a inquietarme, entonces fue que me di cuenta que todo mi cuerpo, mi ropa se impregnó de ella y me aterré, solo atiné a correr y mi cuerpo tiritaba y transpiraba en forma descontrolada. En ese momento perdí la noción del tiempo y cuando recobré la tranquilidad, llegué a la conclusión de que no podía ser nada malo, porque las fragancias se asociaban a Los Ángeles después de ese día todo se solucionó en mi vida.

No olvides que la causa de tu presente es tu pasado, así como la causa de tu futuro será tu presente, no te amargues de tu propio fracaso acéptalo tal como ha pasado y aprende de esa experiencia no le eches la culpa a nadie recuerda que cualquier momento es bueno para comenzar y que ninguno es tan terrible para claudicar.

Aprende de los audaces, de los fuertes, de quien no acepta situaciones, de quien vivirá a pesar de todo; piensa menos en tus problemas y más en tu trabajo, y tus problemas, sin alimentarlos, morirán.

Aprende a nacer desde el color, la energía y la perseverancia, a ser más grande que el más grande de los obstáculos. Para esta lucha también podemos ganar.

Transformación

Me siento un poco extraña, hay veces que puede más el sentimiento, este sentimiento que te puede llevar a la incertidumbre a la deceleración de no saber dónde ni cómo van a suceder las cosas, hoy vi lágrimas en los ojos de mi padre, su voz se entrecortó cuando le pregunté cómo estaba, no pudo contestar y yo entendí, mi alegría mezclada con mi nerviosismo de ver a mi padre de nuevo me dio fuerzas para darle un abrazo y transmitirle mi amor.

Todos, en algún instante de nuestras vidas hemos dejado huellas en el tiempo. En nuestro caminar, muchos solemos reconocernos, es un lazo invisible que nos une a través de generaciones, hemos cometido errores, errores que en el tiempo no se han solucionado los vamos aplazando y han quedado grabados en nuestra alma. El secreto del amor consiste en saber aprovechar adecuadamente tus propios valores, tener paz interior es más importante que luchar. Vivir no es fácil y más aun cuando nos lo complicamos nosotros porque va a depender de muchos factores, para que exista la "armonía" Mi Mundo hoy se ha transformado, porque la persona que tienes a tu lado SE LO MERECE es una decisión netamente personal, hoy mirando el rostro de mi padre le vi cansado pero con la satisfacción de ver sus deberes cumplidos, es la LUZ a la que yo siempre me he referido, esa luz propia, Inmersa dentro de cada uno, que mana a través del verdadero Amor... ¡logró aflorar! y desde lo alto del Cielo Dios dice"¡Lo lograron!, es hora de que comiencen a sellar en el tiempo, este encuentro.

La fragancia de la vida

Toda Mujer se identifica con alguna esencia, todas tenemos en la memoria esa fragancia de nuestra niñez que se nos ha quedado grabada y no es porque te quieran imponer o porque esté de moda o porque alguien te la regalado ¡No! Es algo más profundo es innato lo llevamos en el subconsciente, está inmerso dentro de ti, solo escucha a tu cuerpo, deja que tus sentidos hablen y lo sabrás. ¿Qué aroma es el que más te atrae? ¿cuál es aquél al que recurres frecuentemente, sin darte cuenta? ¿Cuál es aquél que te hace aflorar tu sensualidad al máximo? pues yo lo descubrí ¡LA ROSA!, que fragancia, que frescura y exquisito, su aroma, no puedo desprenderme de su aroma, vivo sumergida en ella, mi piel la pide, me sumerjo en baños de rosa y para mí es un regalo y debo dársela a través de jabones, aceites, en los detalles más insignificantes es la Magia de la Vida porque solo este nombre Rosa, es sinónimo de fragancia... La fragancia de la vida, sentir, vivir hace que toda mujer deba buscar en su interior su verdadera esencia y caminar por esta Vida, a la altura de sus experiencias. Hoy pienso diferente, quiero compartir no depender.

Mi vida siempre ha sido primero SENTIR y luego ANALIZAR, porque es natural en mí aunque a veces en muchas ocasiones me he metido en algún lio por culpa de mis sentimientos, nunca debemos permitir y ser prisioneros de un conformismo, al esperar en "otros "lo que nos corresponde a cada uno descubrir, muchas veces afloran en mí ese sentimiento de duda ¿lo hago o no lo hago?

Hoy mi Visión se ha agudizado un poco más, puedo ver más allá de lo real, siento que en mí, existe un florecer, Para esto hay que ser consciente de ello primero de todo lo asimilado y procurar analizar la situación sin que mis sentimientos salgan a relucir, serenidad y tranquilidad es lo que busco a través de estos Tiempos, todo emana, ¡Fluye! Y tú lo sabes ¿Verdad? me he preparado para ello, para vivir a Plenitud dicha experiencia, sé lo que puedo ofrecer, porque mi viaje fue hacia mi interior y ahora solo debe aflorar todo lo asimilado. No me he permitido distraer mi atención en otros patrones de conducta, ¡por qué YO tengo el mío! El perseverar y nunca dejar de soñar.

A veces perdemos nuestro Norte, pero lo importante es volver a encontrarlo.

Pensamientos

A medida que pasa el tiempo nos damos cuenta que ya no somos como hace unos cuantos años, descubrimos, horrorizados, como se deteriora el cuerpo y la mente, nos vamos olvidando de las cosas y lo que antes era una cosa natural, como el andar hoy hay que pensar para mover una pierna para a continuación mover la otra ¿Por qué nos resulta tan difícil aceptar el paso del tiempo si es algo natural? La clave para que el futuro no dé vértigo, ni el pasado demasiadas añoranzas admirar el amplio paisaje que aún tenemos por delante y seguir siempre aprendiendo, no podemos quedarnos anclados en el ayer, no llegamos a ningún sitio y no sacamos nada de provecho, visto desde fuera es muy fácil pero la realidad es otra. Ya falta poco para mi cumpleaños y empiezo a pensar como corren los años sin darme cuenta de ello. Me parece que fue ayer cuando me iba con mi pandilla a la calle y hacíamos planes, nos íbamos a casar todos y seguiríamos unidos, evidentemente, no ha pasado y cada uno hemos tirado por rumbos distintos, estos años se han pasado en un abrir y cerrar de ojos.

Han sido buenos y malos, no me puedo quejar, pero todos tenemos cosas que a los demás no les agradan pero así es la vida, lo único que siento es a ver dejado cosas en el camino por dejadez y vaguería. Pero en la vida no es lo que uno quiere si no lo que le toca vivir.

Cada día estoy más convencida, que hay que disfrutar todo lo que se pueda, no hay que dejar nada para mañana, sobre todo, no permitas que tu vida pase sin pena ni gloria con los años todo cambia, no quiere decir que no puedas disfrutar, si no que será distinto.

Con los años aprendemos a cuidar más nuestro ámbito emocional, es el momento de dejar atrás los miedos y disfrutar de la vida más sosegada mente. Ha llegado el momento de tomar conciencia de que en el instante final, la única diferencia importante está entre una vida vivida y una vida no vivida.

LA FELICIDAD ES UN TRAYECTO, NO UN DESTINO… NO HAY MEJOR MOMENTO PARA SER FELIZ QUE AHORA MISMO.

A veces es mejor estar callada

Tenemos la mala costumbre de juzgar a las personas antes de conocerlas, conocerlas realmente y muchas veces no equivocamos. Juzgamos a la ligera pero en esa equivocación hemos contaminado a otras personas que quizás no pensaban de esa persona lo mismo equivocarse es muy fácil, lo difícil es admitirlo, cuando se admite esas palabras pasan a ser palabras que no tienen sentido, ya que no es verdad lo que hemos pensado una vez conocida a la persona.

Hay que vigilar las palabras hacia las personas solemos criticar y chismorrear a simple vista y sin saber qué es lo que esconde esta persona y que cosas le han pasado.

Las palabras pueden herir y la herida tarda en cicatrizar.

Los comienzos

Cuando comienza un proyecto siempre te queda la duda, no sé si todos le han dado la misma importancia que yo le doy a los comienzos. Siempre te queda la duda, una mezcla de muchas emociones, no sabes qué sucederá, pero aún así, ¡tienes fe y fuerza para seguir, porque un comienzo, significa un mayor esfuerzo, mucha ilusión, vuelcas todos tus anhelos en él, es un comenzar a construir tu propio proyecto, nuestro proyecto y mejor se disfruta ¡si es de todos.

Dentro del círculo por el que me desenvuelvo, siempre escucho decir "Quiero a mi lado amigos que me apoyen en los momentos duros a alguien con el que pueda contar" bueno y ¿Dónde te vas a encontrar mejor?

Pues mejor que en tu propia casa no se está en ningún sitio, yo quiero un comenzar entre dos, tres, cuatro, juntos poder poner nuestra primera piedra, para edificar nuestra vida y cada día ir poniendo uno a uno los ladrillos que formen el pilar de este proyecto Con bases firmes, porque solo así, sabremos que nuestro refugio de amistad, no podrá ser abatido por ninguna tempestad. Es un comienzo en donde se utilizarán los mejores materiales para dicha construcción y no se encuentran en una ferretería, porque son materiales eternos, que están dentro de cada uno de nosotros.

CONFIANZA, FIDELIDAD, COMPLICIDAD, COMPRENSIÓN, RESPETO, COMUNICACIÓN, CREATIVIDAD, ALEGRÍA, OPTIMISMO, HONESTIDAD Y MUCHA AMISTAD, pero Hoy, no se les da el verdadero valor, porque van por lo perecedero, pues yo voy por lo eterno, por lo tanto, solo debo esperar la llegada de esa alma que se una con la mía, y así juntos poder vivir esa maravillosa experiencia por la que tanto esperado, porque la primera piedra ya está, ahora solo falta ir poniendo las otras ¿No es verdad? y por fin podremos decir "HOGAR DULCE HOGAR"

Quiero Agradecerles a todos por estar ahí. Y en particular a ti mi querida amiga Lady Amparo siempre estas cerca, compartiendo de esta gran amistad.

Un poco De Silencio

Envolviéndome de un mágico silencio, deleite de mis oídos me abandono en tus latidos Vendrán días más calmados, tengo flojera, tengo ganas de tenderme en mi cama taparme hasta la nariz y ver la TV, o una película, ausente de sonidos intensa de sentidos, Ávida de una quietud de un sentir ya conocido Porque, sumémosle al desgano, el hecho de la mañana ha estado gris y con mucho frío.

Dejo el planeta en su elíptica girando, cada nuevo día es una oportunidad que debemos aprovechar, para ser mejores personas, para compartir con nuestra familia, para decirle a los que amas, que los amas.

Caigo en lo profundo de un mundo intangible, puedo sentirte en aroma, olor irresistible de flores y campo, madera mojada que espera la hoguera de un calor prolongado.

Sólo puedo sentir una cálida sensación permanente, por mi alma y por mi mente que me mantiene encendida, complacida y vigente, nada es fácil en esta vida, a mí me gustan los desafíos. No voy a permitir que esta etapa merme mis ánimos y mis ganas de salir adelante, las personas honestas, trabajadoras y responsables, tarde o temprano tenemos nuestra recompensa por la vida. Termino la semana con una sensación de agobio, de cansancio que es difícil de describir, porque más que físico, aunque he dormido poco, es emocional.

El Milagro De Vivir

Soy madre, luego existo, eso es algo que nunca olvidaré, ya hace bastante que mi cara no luce maquillaje alguno, me veo cansada, mi cajón guarda las ultimas medias que me costaron una fortuna con una carrera imposible de arreglar cuando a mi hijo se le antojo agarrar y tirar de ellas y utilizarla como hacen los atracadores de bancos. Mi mente está en mis quehaceres no está en otra cosa.

Recuerdo aquellas mañanas que el despertador sonaba a las 7:00horas de la mañana y te habías acostado a las 6:00 te despertabas y te sentías guapa, con un poder que nadie podía arrebatarte ¿hasta qué? llegan ellos los fatídicos años y van pasando y pesando y ¡Cómo pesan!

Unos años han pasado y ahora lo veo de otra manera, antes sentía que no podía con todo, no controlaba nada, ahora que empiezas a controlarlo es el tiempo al único que no puedo controlar que viene sin compasión a recordarnos que todo va desapareciendo, cada día luchamos labrando el futuro hay que seguir luchando cada día por sobrevivir, por hacer frente a las circunstancias más adversas.

Yo, por mi parte, no puedo dejar de poner mi pequeño granito de arena, y es que granito a granito se puede conseguir tanto ¿por qué no intentarlo?

Luchado Por La Felicidad

Nos pasamos la vida luchando por ser felices sin notar las pequeñas gotas de alegría que a diario la vida nos brinda.
Ahora estoy pasando una situación difícil, pero e intento mantener mi mente ocupada y no encerrarme, pero suelo desesperarme a veces, me dan ataques de ansiedad, de dolor, de tristeza, me siento desesperada y trato de llevar mi mente a algo positivo.

He estado en situaciones parecidas pero no iguales, y mi mente no se aclimata a tanto cambio

Sé que no debo desesperarme, pero en verdad no puedo calmar mi ansiedad.

Seguiré adelante, sé que algo bueno hay para mí al final del túnel.

Poderoso Caballero

El dinero es símbolo de estatus y poder. Es un arma poderosa para triunfar en la vida, de esto no hay dudas.

El dinero tiene el poder de comprar las más lujosas joyas, carros, mansiones, hasta el amor, a los más débiles.

¡¡¡El dinero es importante, claro que sí!!! Es muy divertido poder viajar, poder pagar un sillón VIP para ver tu artista favorito, poder estudiar en una universidad privada, y tener una cuenta bancaria a tu disposición, qué bien.

Si nos ponemos a pensar nos damos cuenta que hay algunas "cositas" que se necesitan y que el dinero NO puede suplir, entre estas están: La felicidad, Los sentimientos, Los valores personales, La Paz.

Poder salir y disfrutar de todo sin ningún problema, poder sonreír y dar gracias a Dios cada día, poder amar y que este sentimiento sea reciproco, estas son verdaderas cosas que te hacen feliz y el dinero no está de por medio.

Un Mundo—Complejo

En un mundo en constante evolución tecnológica, donde los episodios de violencia se repiten en forma constante y recibimos información sobre estos sucesos casi minuto a minuto, es bastante factible que intentemos escapar. Lo ideal es aceptar que estas cosas suceden, la agresividad, el miedo, la tristeza y el pánico hoy son moneda corriente, si intentamos ocultar lo que sucede, es posible que viajemos hacia el pasado, la clave es ser conscientes de lo que está pasando en este momento, aunque sea doloroso. Si uno no valido el miedo, la situación derivara en episodios de pánico, es posible vivir en paz en este mundo, en el presente y siendo amigos de nosotras mismas.la idea es que podamos trasladar a nuestra vida esta mirada contemplativa.

Que cada persona tome conciencia de lo que está haciendo, para conseguir paulatinamente que estos pequeños momentos se vayan trasladando a todos los ámbitos de nuestra vida.

Siempre el mensaje de lo que nos pasa, lo brindan las emociones, estas son una vía positiva para conectarnos con nuestra alma, con la energía universal, y la más importante la energía maravillosa que es el motor de nuestro mundo, el amor.

Sobre la autora, María del Pilar Remartínez Cereceda

Nacida en Madrid, esta escritora autodidacta es la directora de la revista de difusión literaria Cerca de ti, ha escrito Notas del Corazón, Corazones compartidos y Lucas y la Luna entre otros. Colabora con numerosas publicaciones de difusión de la literatura como El rincón del caminante o Como la vida Misma.

Escribe artículos de mitología en la revista especializada los nuevelibros.com

Pensamientos de una madre de familia numerosa

Descubre los sentimientos de Pilar, madre de familia numerosa, a través de sus pensamientos; Su familia, reflexiones sobre el amor, la amistad, maternidad, sueños, consejos, recomendaciones, felicidad, sus alegrías , penas y demás problemas, etc , en esta obra de prosa intimista.

Conozca más obras de esta autora en www.landreditores.com

www.ingramcontent.com/pod-product-compliance
Ingram Content Group UK Ltd.
Pitfield, Milton Keynes, MK11 3LW, UK
UKHW041450180426
11946UKWH00013B/146/J